广州好教育丛书·好学校系列

GUANGZHOU HAOJIAOYU CONGSHU
EXIAO XILIE

黄志远◇著

水乡新韵 润泽教育

广州市南沙东涌中学
追求至善之路

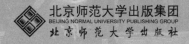

北京师范大学出版集团
BEIJING NORMAL UNIVERSITY PUBLISHING GROUP
北京师范大学出版社

图书在版编目(CIP)数据

水乡新韵 润泽教育：广州市南沙东涌中学追求至善之路 / 黄志远著. —北京：北京师范大学出版社，2021.1
（走进广州好教育丛书．好学校系列）
ISBN 978-7-303-25636-5

Ⅰ. ①水… Ⅱ. ①黄… Ⅲ. ①东涌中学—办学经验 Ⅳ. ①G639.286.51

中国版本图书馆 CIP 数据核字(2020)第 000893 号

营　销　中　心　电　话　010-58802135　010-58802786
北师大出版社教师教育分社微信公众号　京师教师教育

SHUIXIANG XINYUN RUNZE JIAOYU
出版发行：北京师范大学出版社　www.bnup.com
　　　　　北京市西城区新街口外大街 12-3 号
　　　　　邮政编码：100088
印　　刷：天津中印联印务有限公司
经　　销：全国新华书店
开　　本：787 mm×1092 mm　1/16
印　　张：13.5
字　　数：180 千字
版　　次：2021 年 1 月第 1 版
印　　次：2021 年 1 月第 1 次印刷
定　　价：46.00 元

策划编辑：郭　翔　　　　　　　　责任编辑：陈　倩
美术编辑：焦　丽　　　　　　　　装帧设计：焦　丽
责任校对：康　悦　　　　　　　　责任印制：马　洁

总　序

《国家中长期教育改革和发展规划纲要（2010－2020年）》提出："办好每一所学校，教好每一个学生。"几年来，各地涌现出了一批好学校、好校长、好教师。总结和推广他们的经验，是推动我国教育改革和发展，提高教育质量，促进教育现代化的强大动力。广州市是我国改革开放的前沿，不仅有着深厚的文化积淀，而且在改革开放中敢为天下先，在教育领域积累了许多新经验。广州市教育局在《广州市教育事业发展第十二个五年规划》文件"办好让人民满意的教育"的要求下，决定组织编写"走进广州好教育丛书"，实在是适逢其时。这是对广州市多年来教育改革创新的一次总结，也是对广州市今后教育改革的一次推动。

根据编委会的设计方案，丛书拟从广州市1000多所中小学校、10多万名教师中选出10所"好学校"、10名"好校长"、10名"好教师"列入首批出版计划。他们有的是已有100多年建校历史，积淀了深厚文化内涵，至今仍然在不断创新中继续勃发着育人风采的老学校；有的是办学时间不长，但在全校教职工磨砺创业、共同耕耘下办出水平的新学校。他们有的是办学理念先进、充满活力、管理经验丰富的好校长；有的是师德高尚、业务精湛、热爱学生的好教师。总之，他们热爱教育事业、热爱每一个学生，创造了卓越的成绩，是好学校、好校长、好教师队伍中的典范。

当前，我国教育正处在由数量发展转向质量提高的转折点上。到2020年，我国要基本实现教育现代化。教育现代化的实质就是要培养现代化的人。教育要回到原点，立德树人，培养具有为国家、为人民服务的责任心，具有创新精神和实践能力，并且具有国际视野和国际交往能力的人才。教育大计，教师为本。我们的校长和教师要立足中国，放眼世界，转变教育观念，改变人才培养方式，促进教育现代化的进程。

　　我希望广州市在编写"走进广州好教育丛书"的过程中继续挖掘先进人物和新鲜经验，率先实现教育现代化。

2016 年 7 月

总序

／

二

2014 年的教师节前夕，我写了一篇《广州教育赋》，后来这篇文章在《中国教育报》上刊登了。在这篇赋中我有这么几句话："大信不约，好校长何止十百；大爱无疆，好老师何止百千；大成不反，好学生何止千万；大道不违，好学校就在此间。"中心意思是说，广州好教育是由十百千万的好校长、好教师、好学生和好学校共同铸成的。正是有着他们的大信大爱和大成大道，广州作为国家重要中心城市之一，在教育，尤其是基础教育方面，才能卓有建树，我们也才有可能推出一套"走进广州好教育丛书"。

在这篇序言中我想表达三个朴实的想法。

第一个朴实的想法是，一座城市的教育发展单靠一两所名校，几位名师、名校长是支撑不起来的。能够为这座城市源源不绝地提供人才智力资源的应该是有那么一大群校长、一大批教师和一大拨学校。他们形成一个个各具怀抱的优秀群落，为这座城市辈代不绝地做着贡献，那我们就要为这一个个优秀群落树碑立传。对于广州这样有着将近 1500 所中小学的特大型城市而言，我们特别有理由这样做。正是有着他们的大信不约（《礼记·学记》）——真正的信义不需要盟约，他们才会在每一所学校不断坚守；正是有着他们的大爱无疆——博大的仁爱无边无际，他们才会为每一个学生殚精竭虑；正是有着他们的大道不违（原为"大道无违"，《晋书·嵇康传》）——不违背教育的使命与历史发展的规律，他们才会为每一个进步中的时代进行着生动的背书。有了他们，才会有一座城市的教育；有了他们，才会有一座城市的发展。有人要问，这套"走进广州好教育丛书"出齐会有多少册？老实说，我也不能确定。这第一批推出的 30 册只是一个开始，但我相信，只要这座城市在发展，属于这座城市的教育大赋就一定不会有画上句号的时候，它一定会以这样或那样的形式展现出来。

第二个朴实的想法是，对于基层教育工作者来说，我们真正需要掌握的教育规律和教育法宝就那么几条，如果我们钻进教育思潮的各种主义与模式的迷宫中不得而出，那就容易忘记教育最基本的追求。几年前，广州一个区的教育论坛请来了顾明远先生，顾先生在论坛上说："没有爱就没有教育，没有兴趣就没有学习。"我们深以为然。教育理论当然有很多，都值得我们认真学习，其他不讲，仅"因材施教"和"有教无类"两条，在我们的教育实践中是否做到了？我相信，如果我们做到了，那我们就有可能进入好教师、好校长、好学校的序列。所以，在这套丛书中，我们特别看重的是重返教育现场，讲好教育故事，今往兼顾，名特相谐。丛书所列既有杏坛前辈，也有讲台新秀；既有百年老校，也有后起名品；各好其好，好好共生。早在 100 多年前，广州教育就已经在现代化进程中开风气之先。比如说鼎鼎有名的万木草堂，20世纪 20 年代开辟新学堂；再比如说最早在广州推行开来的六三学制。在当下的教育大格局中，广州教育自然也不能落后，要有广州的好教育。

第三个朴实的想法是，好教育需要有一个好的教育生态。习近平总书记说："我们的人民热爱生活，期盼有更好的教育。"我们要努力办好让人民满意的教育，那这个教育上的"好"应该体现在哪些方面？除了上面提到的好学生、好教师、好校长、好学校之外，好的教育生态应该是一个必不可少的要素，这其中的一个重要标志就是能够形成尽可能多的教育共识。我们组织编写这套"走进广州好教育丛书"，一个目的就是通过展示我们的教育实践来推动形成更多的教育共识：原来在我们这座城市，在我们身边，就有这些好的教育，值得我们称赞，值得我们珍惜。我们的教育要全面上水平、走前列，这行进过程中积累起来的好教育基础就是我们不断奋力前行的保证。

最后，作为这套丛书的策划者，我要特别感谢北京师范大学出版社，我仍记得三年前，时任北京师范大学副校长的杨耕同志领着北京师范大学出版社的朋友们和我们讨论这套丛书编写出版规划时的热烈情景；另外，我要特别代表广州市教育局感谢顾明远先生为本套丛书作序；还要感谢总主编吴颖民先生以及华南师范大学、广东第二师范学院、广州大学的分册编委的专家团队，正是有他们的认真组织和每一位分册作者的孜孜以求，这套丛书才得以和各位读者见面。

屈哨兵

2016 年 7 月

目 录

MULU

第一章

弘润篇：
东中源起　历史传承

百年沧海，化作桑田，水乡文化，润泽生命！

汇集了海洋文明和农耕文明的东涌水乡之地，孕育了一代代"淳朴、包容、合作、创新"的东涌人，他们崇文重教，捐资建校，为子孙后代创下优质教育的基础。正是在他们的努力下，东涌中学经历了从无到有、由弱到强的办学历程。

栉风沐雨勤耕耘，滋兰树蕙毓芳华！五十年来，东涌中学围绕"以人为本，求实发展"的办学理念，以水乡文化为根基，形成了以"润泽教育"为主题的"水乡新韵"特色课程，通过感化、体验、熏陶、浸润、唤醒等方式，培育出一批又一批身心和谐、情趣高雅、志向远大、具有良好人文情怀和广阔国际视野的新时代人才。

教育是对生命的润泽。东涌中学悠长而恢宏的办学历史，滋润着一代又一代学生的成长。他们从这里起航，从这里开启自己的人生发展之路。

在教育发展的良好机遇下，东涌中学已发展成为南沙区颇具影响力的优质学校，并朝着创建"广东省国家级示范性高中"的目标迈进。

一、海上丝路，发祥之地

东涌中学位于广州市南沙区东涌镇，濒临南海，有着深厚的海洋文化底蕴。

广州市南沙区正是我国古代"海上丝绸之路"的发祥地。从两千多年前起，我国就已经通过南沙的广州港与外界有着商贸往来，这奠定了广州"千年商都"的基础。广州港在唐宋时期是中国的第一大港，是历时两千多年依旧长盛不衰的大港，是广州海洋文化的一张响亮的名片。

（一）文明融合，孕育品性

一般的历史研究者认为，古希腊文明是海洋文明的代表，而中国是农耕文明的代表。而以广州港为发祥地的"海上丝绸之路"则打破了这一说法，它向世界证明了中国不仅有农耕文明，也有历史悠久的海洋文明，中国的海洋文明是世界海洋文明的一个重要组成部分。

农耕文明的特点就是安土重迁，追求稳定。中国历代以来都是以农耕文明为主。虽然东涌镇原来是海洋，但人们最终还是淤沙成洲，主要发展农耕业，疍家人也是上岸从事耕种后才最终稳定下来的。因为农耕文明是靠天吃饭，所以人们对大自然心存敬畏，他们相信权威，相信天命神授，对神灵也充满了敬畏、崇拜之心。在生活中遇到困难的时候，人们往往会寻求神灵的庇佑。受农耕文明的影响，人们把土地作为生存的根本，所以逐渐形成了淳朴、保守、热爱和平和稳定的性格。

受海洋文明的影响，东涌人形成了包容、合作、创新的品性。海洋给人的第一印象就是辽阔，它可以容纳百川，拥有博大的胸怀。海洋是美丽的，但又是神秘而凶险的。海洋上的疾风狂澜，是对人们的智慧、毅力、斗志和信念的考验，人们必须有合作共济的精神，互相协助才能共渡难关。海洋上的风浪，需要人类去探索，它可以激发人类的创新精

3

神和进取精神。

随着海上贸易的发展，人们不断地从异质文化中汲取营养，从而使文化呈现多元性。由海洋进化而来的东涌人也比一般的农耕人有着更强的创新精神和进取精神，也正是这种精神，使得东涌中学在五十年的办学历程中不断进取，不断创新，创下佳绩。

受海洋文明影响的人更容易接受外来文化和多种文化并存的局面，更具多变性与包容性。海洋连接着整个世界，是一个比大陆更为自由和广阔的世界，因而深受海洋文明影响的东涌人有着更广阔的视野和更宽广的胸怀，这一点在东涌中学的办学过程中也深有体现。东涌中学从20世纪90年代开始一直注重引进优秀的教师与先进的教学方法，注重教师的外出学习提升和对外来文化的汲取，成就了包容、合作、创新的教师队伍，这正是东涌中学"淳朴、包容"校风的体现。

(二)海上丝路，昔日辉煌

曾经有学者指出，海洋在我国的历史上虽然也起过一定作用，但总体来说，我国的文明发展还是以农耕为主，海洋文明从来没有起到过重要的作用，海洋文明也从来不是华夏文明的主流。在我国的航海历史上，郑和下西洋是一次典型的跨出大陆、走向海洋的壮举，但是郑和下西洋的目的不是建立海洋文明，而是向外国展示华夏民族的强盛。

其实，广州在中国的海洋文明中曾经起过重要的作用，而今日的南沙区正是中国海洋文明的发源地。在唐代，我国的东南沿海就有一条叫作"广州通海夷道"的海上航路，这是我国海上丝绸之路的最早叫法。宋元时期，中国通过广州港跟世界六十多个国家有着直接的"海上丝路"商贸往来。从3世纪30年代起，广州就已成为海上丝绸之路的主港。明初、清初政府对外推行海禁政策，广州长时间处于"一口通商"的局面，它被称为"经久不衰的海上丝绸之路东方发祥地"。

（三）把握机遇，开拓创新

早期的广州港以黄埔港为主，在中国的海上贸易中占据着重要的位置。唐代诗人刘禹锡曾有诗句："连天浪静长鲸息，映日帆多宝舶来。"诗句吟咏了珠江"大舶参天"和"万舶争先"的壮观景象。到了明清时期，因为政府实行海禁政策，只有广州还对外开放，所以广州就成了中国海上丝绸之路唯一对外开放的贸易大港，得天独厚，广州海上丝绸之路贸易比唐、宋两代有了更大的发展，形成了空前的全球性大循环贸易，这种状态一直延续到鸦片战争前夕。

当时来到中国的英国商人威廉·希克为之惊奇，感叹广州的珠江可以与伦敦泰晤士河相媲美："珠江上船舶运行忙碌的情景，就像伦敦桥下泰晤士河上的情景，不同的是，河面的帆船形式不一，（珠江上）还有大帆船，在外国人眼里再没有比排列着长达几英里的帆船更为壮观的景象了。"

1978年后，广州对外贸易进入一个新的发展时期。由于历史优势和渊源，广交会成为中国对外贸易招商的大舞台。而随着航运业的大船化趋势对深水港的要求，广州港的主力港也由黄埔港移至珠江口几何中心的南沙深水港。

南沙区有着悠久的贸易发展历史。近年来随着国家级新区、自贸区战略的建立，以及21世纪海上丝绸之路的推进，东涌镇也由昔日的水乡小镇跃身成为南沙区的璀璨明珠，经济的繁荣使得东涌人追求更加优质的教育。目前，南沙区是全国基础教育国际化示范实验区，确立了"凭高而立，向海而生"的国际化理念。乘着南沙教育从农村教育向国际化发展的东风，东涌中学也走上了一条新的发展之路。

二、沧海桑田，东涌故事

东涌镇地处珠江三角洲的几何中心，是广州、深圳、香港等城市群的交通枢纽。东涌镇得改革开放风气之先，充分发挥地理优势、信息优势，敢闯实干，开拓创新，在区域经济发展方面取得了显著成就。

如今的东涌镇，已经发展成为高楼林立、车水马龙的繁荣之地。其实，东涌镇由海洋形成陆地再到今天的发展，只有八百多年的历史。东涌镇从汪洋之境到繁华之地，清晰地见证了"沧海桑田"的变迁。

（一）淤沙成滩，东涌源起

东涌的前身是海洋，直到南北朝时期，都还没有居民在这一带居住的记载。

据 1871 年版《番禺县志》的记载：在宋代以前，东涌还是一片浅海，经历了"鱼游、鹤立、橹迫、草步"的演变，经过数百年，泥沙淤积成滩。到了北宋末年，也就是 1127 年后，因为北方战乱，大量中原人士南下躲避战争，来到了珠江三角洲地区择地而居。越来越多的人开荒定居，经过人工抛石筑围成田，创造了大片沃土。特殊的自然环境，使得这片沃土逐渐成为适宜农耕和发展渔业的富庶之地。

经过几百年的变迁，东涌由沧海变成了桑田，成了东涌人可爱的家园，这是大自然的恩赐和东涌人民辛勤劳动的结果。

（二）疍民聚居，东涌由来

东涌镇位于原番禺区的南部，后来归入南沙区。最早的东涌人，大多是来自各地靠租种为生的佃农，他们被称为"疍家""疍民"，多以船为家，生活困苦，流动性大，无法形成固定的村落聚居。就算他们上岸居住，也只能搭建简陋的茅寮房栖身。他们以舟楫为家，以捕鱼为业，凭借苦力，依靠双手吃饭。在这样境遇下生活的东涌人，有着更加淳朴、勤恳、拼搏的品性。

南宋著名诗人杨万里的《疍户》就如实地记录了疍家人的生活："天公吩咐水生涯，从小教他踏浪花。煮蟹当粮哪识米？缉蕉为布不须纱。夜来春涨吞沙咀，急遣儿童劚荻芽。自笑平生老行路，银山堆里正浮家。"

到了清代中期，东涌一带的围田旁，慢慢聚集了一些前来耕种的"疍民"。因为耕种需要足够的劳动力，所以这些"疍民"都会多生小孩，为家庭补充劳动力。随着人口的增长，"疍民"也从船上搬到了陆地上居住，在围垦地带傍水而居，于是村落逐渐形成了。

1952 年夏天，国家开始进行土地改革，东涌及附近沙田区的贫农、雇农及部分中农都分到了土地，实现了耕者有其田的愿望，原来漂泊为家的东涌人从此安心扎根于此，村落的规模也不断扩大。随着经济的发展，生活条件的改善，很多人都从船上搬到了岸上，建起了房屋，安居乐业。

至于"东涌"名称的由来，还得从明代说起。当时从东涌石基村沙头至大稳村鼻梁、南涌村沙鼻寨一带，逐渐出现一个形似鼻子的沙洲，叫"沙鼻沙"或"沙鼻山"。

清朝雍正年间，即 1723—1735 年，顺德碧江苏氏家族以报税承垦的方式开始在沙脊围垦，为了取"吉祥如意"的寓意，就将"沙鼻山"一带的地域定名为"吉祥围"。"吉祥围"的东面是一条深水槽，即一条小河，广东人习惯将主要河道之间的冲积平原上密布的像蜘蛛网似的小河道称为"涌"或"冲"，"涌"特指"小河"，所以他们把这条位于东面的小河命名为"东涌"。

随着围内田向四周扩展，从四面八方来承包耕地的佃户越来越多，一些经营农资产品和生活用品的商贩开始到这里经商，并在"东涌"北面（即今东涌医院附近）聚集。渐渐地，这一带成了集市。当时，交通比较落后，人们到"东涌"的集市购买农资产品或生活用品等时往往要乘船，"东涌"也就成为沟通各围的纽带。由于"东涌"经常被人提起，于是"东涌"这个名字慢慢被叫开，后来演变成地域名称，而"吉祥围"这个名字反而被人们逐渐淡忘了。

三、水乡文化，源远流长

东涌的村落，多数是由来自四面八方的、姓氏各异的耕田人聚居而成的。居民重视血缘关系，重视传统文化，但由于杂姓聚居，没有宗族祠堂，所以缺乏传统礼仪的教化。这里民风淳朴，习俗大多由长辈传授给晚辈，代代相传，糅合了番禺民田地区和顺德、中山等地的文化。在形式上，受经济条件的限制，很多繁文缛节都被简化了，形成了独特的水乡文化。

（一）传承融合，水乡特色

东涌传承了中华五千年的文明，又因地处广州南端，受到开放的海洋文明的熏陶，不仅糅合了四方的生活习俗，还形成了地道的水乡生活习俗，无论服饰、饮食还是出行都有其鲜明的水乡特色。

"大襟衫"，绣花"包头"，挂在孩童身上的救生"葫芦"，船头唱咸水歌对歌消遣，闲时赛艇仔或斗桡，这些都是疍家文化的重要元素。东涌的疍民先祖们上岸后，凭借智慧和勤劳的双手围海，将沧海变成了桑田。他们的后代则用自己的努力成就了今天东涌的繁华，而由水上带来的疍家民俗活动经过数代人的改良，演变成今天东涌独特的沙田水乡文化。

在纵横交错的河道上，靠打鱼过活的疍家渔民，在劳动中养成了"淳朴、包容、合作、创新"的品性。世世代代的水乡人民，在这片富饶的土地上辛勤耕耘，靠劳动收获幸福。他们在劳作间来了兴致时，哼上一曲疍家渔民独创的咸水歌，表达生活中的喜怒哀乐，这正是东涌水乡人特有的生活方式。

（二）弘扬发展，水乡精神

现在的东涌镇是广州市的特色名镇，它以青砖黛瓦的岭南建筑、旧麻石铺就的街道、参天的古榕、纵横交错的河涌、碧悠的水波、小桥流水人家……向世人展示着自己的文化渊源。

东涌镇每年都会举办水乡文化节，以"岭南水乡文化，绿色沙田生态"为主题，通过吉祥围民俗文化风情馆，再现沙田的婚庆场景；通过东涌农耕渔猎展览馆，诠释昔日的农民生活；通过炮楼展馆，诉说民国时期东涌的历史；通过水上婚礼、疍家糕制作、扒禾桶、赛农艇、咸水歌会等各种水乡民俗活动，向人们展示水乡东涌的风土人情，呈现疍家人的渔民文化和地道的东涌沙田水乡文化。

矗立在东涌镇吉祥路上的主题雕塑——《合力东涌》正是东涌作为名镇的地标。它以东涌民间特色活动"龙舟竞渡"为切入点，以青铜浇铸成一面巨鼓，鼓身周围镂雕有蕉叶、龙舟、岭南建筑，呈现代表水乡特色的茅寮、小桥、特色瓜果以及捕鱼、收获等生产生活场景。沿鼓一周是12个奋力朝前划桨的船手，中间站立的是激昂、阳刚、孔武有力的鼓手，寓意东涌发展以鼓声为前进的号角，合力朝前，奏响和谐奋发的时代强音，故名《合力东涌》。这一雕塑展示了新时代水乡人拼搏创新的精神，寓意着水乡人正努力迈向一个幸福吉祥的新时代。

四、前世今生，东中①传承

在由疍家文化发展而来的东涌镇，东涌人的祖辈依靠做苦力谋得生存，生活安定下来后才有条件去发展教育。因为地理和经济上的原因，东涌镇的教育事业比较落后。在中华人民共和国成立以前，这里很少有人能够入学读书，大部分人是文盲。当时的东涌镇，除了有一些私塾外，还有几间小学。

中华人民共和国成立之后，在政府的大力推动与东涌人的努力下，东涌的教育事业得以飞速发展。东涌中学，前身是番东中学，经历了停

---

① 在本书中，东中是东涌中学的简称。

办、重办，由一所底子薄弱的农村中学发展为省一级学校，全体东中人用自己的心血，谱写了一曲水乡东涌的教育之歌。

(一)创建停办，原址重办

东涌中学成立于 1940 年，当时名为番东中学，是当时的大汉奸(本地人称大天二)李塱鸡建办的，由他的兵工厂改建而成。当时番东中学的校长是李塱鸡的妹夫黎汉南。1946 年夏天，广东肃奸专员公署逮捕了李塱鸡，黎汉南逃去香港，番东中学就停办了。

直至 1969 年，东涌中学在番东中学的原址上重办。当时的东涌中学校园占地只有 10 亩(1 亩≈666.7 平方米)左右，最初只招收了官坦、东导、东涌 3 个村的共 80 名初中学生，当时的党锐棠校长带领着 8 位教师开始了学校最初的耕耘，播下了东中教育的第一颗种子。

(二)往事历历，东中回忆

在五十年的办学历程中，东涌中学的教育润泽了一代又一代学子的生命。众多学生走进东中，在这里成长，从这里走向社会。说起母校，每一代东中人都有着难忘的记忆和浓浓的眷眷之情。

重办之后的东涌中学经历了"文化大革命"的洗礼以及 20 世纪八九十年代的易址重建。"文化大革命"时期的学习生活有着浓郁的时代特色，校友郭汉生在他的回忆中再现了当时校长与师生们一起劳动的场景以及一些往事。如今再读那段历史，我们可以深深地体会到东涌中学的岁月变迁。

20 世纪 80 年代就进入东涌中学的教师冯锦荣、杜洪有，对当年的艰苦生活印象深刻。虽然条件艰苦，但他们依然眷恋着当时的校长与学校。

"文化大革命"中的东涌中学

1975 年 9 月 1 日，我荣幸地考入了东涌中学，被编入高一(2)班。当时高一和高二各有两个班，校舍十分简陋。1975 年是"文化大革命"

的第九年，在"四人帮"鼓吹的"读书无用论"的反动思潮下，四个高中班每个月都要轮流到东沙农场劳动一个星期。时任校长梁赞亿身先士卒，带领师生们日夜奋战在东沙农场，决堤堵口、种水稻、种甘蔗，他的身影无处不在。师生们都很佩服他，都一把年纪了，他还那么拼命地干，他那又黑又瘦的样子，真让人心疼。

最令我难忘的是校长和师生团结一心、通力合作的情景。记得第一次到东沙农场劳动时，师生们都要各自带大米和伙食费，我是高一（2）班的生活委员，负责膳食工作，当时校长也与师生们一起来交大米和伙食费，我就对他说："校长您就不用交了吧！"校长严肃地对我说："大家都交，为什么我就不用交呢？我不是也带一张嘴来吃饭的吗？"我无言以对，也只有收下了。在东沙农场劳动虽然辛苦，但乐事很多。记得有一次，我们在砍甘蔗时，校长对我们全班同学说："今天的任务很重，劳动时间比较长，肚子饿了也不能吃甘蔗来充饥哦，因为甘蔗是集体的。"我们听后，即使肚子饿得咕咕叫也不敢吃半点。直到收获完毕，有几个胆大一点的同学可能真的饿得受不了了，就挥刀砍了几节来吃，校长见后也没吭声，看来他也体会到大家的辛苦了，他也捡了一小节甘蔗的尾部来吃，有同学立即就说："校长，你不是说不准吃吗？"校长回答说："我只是试一下这尾部甜不甜。"大伙听后，都乐哈哈地笑开了。

在教学方面，学校开设的课程也不全面，语文、数学是分年度学习的，高一学语文，高二学数学，而政治、物理、化学和农机是分时间段学的。我那时候爱好写写画画。有一次课间，我在黑板上写了"比花花失色，比月月失明"这几个字，由于值日生忘记擦黑板，梁校长来上政治课时，看到黑板上的这几个字，便十分严肃地大声说："是谁写的？"我看到校长的脸色不对，于是乖乖地站了起来，校长叫我解释这句话的意思，我吞吞吐吐地说："我是在一本文学杂志上摘录下来的，这句话应该是那些文人用来形容中国古代'四大美人'的'闭月羞花'之貌吧！"校长听后严厉地说："不对，这是资产阶级腐朽思想，要批判。"于是他马上要求全班同学针对这句话来讨论和批判，要同学们提高思想认识，肃清资产阶级腐朽思想的毒瘤。

1976年10月，以华国锋为首的党中央，一举粉碎"四人帮"，教育事业开始翻开新的一页，东涌中学的教学开始步入正轨。到1977年7月高中毕业时，我们在学校真正读书学习的时间只有短短几个月，但我觉得学到了很多知识。在此十分感谢东涌中学对我的培养，愿东涌中学的教育教学蒸蒸日上。（郭汉生）

难忘的岁月

1980年9月，我怀着忐忑的心情，来到了离自己老家不远，但又陌生的地方——东涌中学。刚到达目的地时，这里给我的印象是：这个学校跟自己在老家担任民办教师工作的乡村小学的样子差不多。两排七字形的两层低矮的校舍，室内昏暗而潮湿，地上和墙角还可见片片青苔。课室的门窗破败，满目疮痍，也难怪当时有一对夫妇准备到东涌中学任教，看到如此情景，扭头就走了，那还是我履职五年后的事情了。

那个时候，政府对学校的投入非常小，整个东涌就一所中学，学校的环境还是这么简陋，整所中学的体育场地只有两个篮球场大小。校内除课室是水泥地面外，其他都是泥土地面。下雨天，校内凹凸不平的地面上到处都是积水。学生在这些湿滑的地面上都无法快步行走，否则很容易摔跤。面对这样的条件和环境，时任校长梁赞亿带领着教师和学生，迎难而上。没有场地，自己搞！当时校内校外没有围墙分隔，只有一个鱼塘围着学校。要扩大学校的面积，只有一个办法——填塘。当时政府和学校周边的生产队对学校的建设给予了很大的支持，但真正实施起来又谈何容易。没有经费，怎么办？梁校长想出了一个"妙计"，就是利用周边生产队农田的泥土资源，发动全校师生到当时的向东十八生产队的禾田里将泥土搬到学校的塘里。这是一项看似简单，却十分吃力的工作。我来自农村，干起这样的农活都觉得很吃力，更别说当时初一年级里那些只有十二三岁的孩子了。学校分配的任务必须在三天内完成，不然就算停课也要做完。怎么办？我也只好协助当时的班主任陈老师带领学生去完成这又苦又累又脏的差事了。为了按时完成任务，我亲自挖泥，让学生运送。送泥的路是田间小路，那时刚好是 12 月，不算天寒地冻，但也是路途艰辛。学生碰伤手脚是常事，我自己两个手掌也布满了水泡。终于，在师生的齐心协力下，我们提前完成了任务。现在回想起来，也不知当时是怎样撑过来的。

校内到处都是凹凸不平的地面，一遇上下雨天到处积水，学生在校内走动都非常困难。针对这种情况，校领导决定在非常有限的办公费用里挤出一部分来修建一条"校道"。说到"校道"，实际上不过是一条四五十米的从校门到校内的硬底路。从校门开始的这条路，从外面看来还可以撑一下学校的门面，但却没有到达任何一个课室的门口。然而就是这么一条水泥路，建造起来也还是需要花费很大力气的。除了购买建筑材料，还需要找到建筑工人。还记得那时是 1981 年 4 月底，"五一"节前，南方的气温很高，找不到工人干活，梁赞亿校长就动员教师们一起干。当时梁校长年纪也大了，但他仍然身先士卒，冒着三十多度的高温，硬是利用土办法把那条"校道"建起来了。现在想想，辛苦之余，还真是挺过瘾的：从中午一点半开始，一直干到晚上七点多，中途一口水也没有喝。因为当时的条件实在有限，平时饮用的水需要自己到河涌里提上来，使用前要先经过沉淀，所以工作起来，连水都喝不上。也许现在的人会说，那就去买吧。当时教师一个月的工资是 39.5 元，哪能像现在什么饮料都可以随意买呢？

为什么说起这事呢，因为当时干活的都是被戏称为"臭老九"的教师，不是专业人士。那时天气炎热，劳动时间也长，到后来就剩一包水泥的时候，人人都已经筋疲力尽了。存放水泥的地方离工地有一百多米的路，那时天已黑，一百斤一包的水泥，两个人费了九牛二虎之力才把它抬了过去。那种艰苦的滋味实在是终生难忘。（冯锦荣）

我在东涌中学的经历

我是 1979 年 8 月底调到东涌中学任教的，我初到东涌中学的印象是：学校位于当时东涌公社旁一条南北走向的河涌的东面，校门位于学校的正西面，校门正中的上方用铁片焊成，正中展示出"东涌中学"四个简陋而醒目的红色大字。再进入校道，几十米校道是泥道，校道左边是东涌公社教育办公室，是两层盖瓦的，还有一排是简陋的教师宿舍，也是两层盖瓦的，宿舍内没有洗手间。校道右边有一座也是两层盖瓦的砖木结构的房屋，用作教师办公室及课室。沿着校道继续往前走，左边仍有一排两层楼的课室，首层是混凝土结构，第二层是盖瓦的。课室前面的空地上种了一排木麻黄树，已经长得高大粗壮了。学校的东面有两间不标准的一层盖瓦的简易课室，南面是学生宿舍及师生饭堂以及范围很小的学生活动场地。那时的东涌中学占地面积不到 30 亩，这么简陋的环境，可想而知当时的工作环境是多么艰苦，但我当时是刚出来工作的青年教师，对工作充满热情，以"既来之，则安之"的心态，在东涌中学一干就是 30 年。

我在东涌中学工作一段时间后，逐渐适应了这里的环境，全心倾注于教学。我在东涌中学的前 20 年一直教两个班的语文课程，并担任班主任工作，后 10 年转为做学校的后勤教务工作。当时教学工作加班主任工作，工作量较重，报酬也不多，但我从不计较，全身心扑在教学工作上，总觉得当时条件虽然艰苦，但苦中也有乐的一面。比如，我初入校时带的两个班的学生，他们很乐学，上课认真听讲，勤于思考，下课乐于完成我布置的语文作业。有很多学生德才兼备，学有所成。

东涌中学是从小到大慢慢发展起来的。由于历史时期所限，那时的东涌中学无论是校舍还是教学设施都是十分简陋的，政府投入极其有限，但东涌中学的教师们能从困境中走出来。例如，当时学校的面积不到 30 亩，后来东涌公社政府把学校周边的一些低洼地、水塘划拨给学校使用。为了扩大学校的面积，东涌中学的师生们自己动手，实行了"包干制"，包干到班，再由班包干到小组，到周边生产队的农田里挑那些冬耕泥坯，把那些低洼地、水塘填平整，校园面积由原来的不到 30 亩扩大到约 60 亩，这样学校就有了像样的篮球场，操场，跳远、跳高用的沙地了。学生的活动场地有了改观。我还记得，刚开始学校的几十米校道是泥道，是当年的梁赞亿校长带领全校几十位教师动手建成混凝土水泥路面，使师生们可以在干净的硬底水泥路上出入。我和冯锦荣老师在我们上课的两间课室前的空地上搞了一个花圃。我们发动学生到周边找了一些三指甲植枝，用刀把它们砍开，一小节一小节地插到花圃地上。很快它们就长成了一片翠绿，三指甲枝上开出了白色的小花，散发出清香。就这样，我们没有花钱，就美化了校园环境。

直到1996年，由于社会经济的发展，东涌镇政府开始重视教育，在镇政府财力范围内，大力发展教育，大力扶持东涌中学办学，投入数千万元人民币重新选址建设东涌中学新校区。学校于1997年顺利迁入新校区。新校区占地面积接近10万平方米，东涌中学有了飞跃式的发展，校容校貌不断改善，办学规模不断扩大，教育教学质量年年有提高，一跃成为当时番禺区南部的一所上规模、上档次、首屈一指的广东省一级中学，在社会上享有很高的声誉。展望未来，愿东涌中学更美好。（杜洪有）

无论是旧址的艰苦岁月，还是新校区的读书生涯，不管是一心苦读的学生，还是辛勤育人的教师，每一代东中人都有着属于他们的心路历程。不管此后的人生如何，东涌中学给他们都留下了人生中不可磨灭的印记。

（三）拓展扩大，跻身名校

东涌中学重办之后，办学规模不断扩大。1970年9月，东涌中学开始创建高中部，并逐步由1个班扩大到4个班，但到了1981年8月，因政策原因高中部停办。

1989年，石排中学并入了东涌中学，学校逐步扩大到面向整个东涌镇招生。

1996年，政府规划了130亩土地，学校易地重建。经过一年的建设，新东涌中学于1997年迁入现在的地址，校容校貌、办学规模、硬件设施等都有了质的飞跃。1998年，学校恢复高中办学，并面向全区招生。

校友王绮文回忆说："我很幸运，1997 年 9 月东中迁入现址，我就成了首批就读于新校区的学生。在这里，我的梦想开始起飞，几年下来，留下了许多珍贵的记忆。忘不了我们那朗朗的读书声，忘不了老师站在黑板前认真书写的背影，忘不了我们（2）班一帮调皮捣蛋鬼在课室内外嬉戏的情景……"

"那时的学校刚建起，很多设施设备都不完善，校园内高中部还在建设中，跑道是煤渣的，现在的体育馆和女生宿舍一带当时是杂草丛生，还是劳动课上某个班级的包干区……但在当时，无忧无虑、稚气十足的我们却那么容易满足，所有的这些艰苦条件丝毫没有影响我们，我们依旧快乐地学习、生活。"

2001 年 9 月，学校获番禺区达标学校，2003 年晋升为广州市一级学校，2004 年 12 月晋升为广东省一级学校。中高考成绩优秀，东涌中学跻身广州市名校的行列。

2012 年 12 月 1 日，东涌中学进入南沙国家级新区，迎来新的机遇和挑战。

(四)积累传承，继往开来

东涌中学有今日的成就，绝非一朝一夕之功，离不开历届师生的共同努力，离不开历任校长的积累与传承。

1. 教育要呵护梦想

戴永祥是东涌中学重办之后的第七任校长，从 2000 年 11 月到 2009 年 8 月担任东涌中学校长、党支部书记。他凭借优良的工作作风和自身的人格魅力赢得了广大师生的尊敬。

在戴校长的带领下，东涌中学用了三年时间，从一所底子薄弱的农村中学跃升为广东省一级中学。戴校长在任期间，着力抓教育教学质量。在戴校长及学校师生的共同努力下，东涌中学的中考和高考取得了双丰收。在 2007 届、2008 届两届高考中，学校本科和省 A 类大专的上线率都跃居番禺区第三名。戴永祥校长也成为东涌中学发展史上里程碑

16

式的人物。

　　戴永祥校长注重鼓励学生树立远大的志向，并朝着自己的梦想努力前进。他认为，教育就应该是细心地呵护孩子们心中的梦想，并为之提供智力支持、知识保障和人格引导的事业。他发表于《师道》2004年第九期的文章《教育，请呵护梦想》就很详细地阐述了他的这一教育理念。

教育，请呵护梦想

　　多年以前的一个晚上，有位年轻的母亲正在厨房里洗碗，她才几岁的小儿子独自在后院玩耍。年轻的母亲不断听到儿子蹦蹦跳跳的声音，感到很奇怪，便大声问他在干什么。天真无邪的儿子大声地回答："妈妈，我想要跳到月球上去！"这位母亲并没有像其他父母一样责怪儿子不好好学习，只知道瞎想，而是说："好啊，不过一定要记得回来呀！"

　　这个小孩长大以后真的"跳"到月球上去了，他就是人类历史上第一个登上月球的人——美国宇航员尼尔·阿姆斯特朗。他登上月球的时间是1969年7月20日。

　　美国篮球巨星乔丹在很小的时候就有了自己的篮球明星梦。一天，他把自己的梦想告诉母亲，母亲大加赞赏，并祝贺他有了自己的梦想，鼓励他向篮球明星学习。母亲还经常抽出时间和小乔丹一起欣赏报纸杂志上篮球队员们驰骋球场、飞身灌篮的矫健身姿。同时，她还建议乔丹把那些花花绿绿的图片剪下来，贴到房间的墙上去，从而与偶像们朝夕相伴。

　　每个孩子都有自己的梦想，梦想是孩子们对自己未来的美好设计。孩子们在谈到自己的梦想时，往往会神采飞扬、喜不自禁。然而，在现实生活中，作为父母或师长的我们却常常对孩子的梦想不屑一顾，甚至大泼冷水。有一个小学三年级的男孩子曾对母亲说，长大了要去当舰长，而母亲却说："瞧你那糟糕的成绩，打扫军舰都轮不到你。"孩子的梦想因为母亲的讥讽而破灭了。如果这位母亲能像乔丹的母亲那样认真对待孩子的那份梦想，孩子日后没准真会成为一名出色的舰长呢。

梦想对于幼小的孩子来说有着无穷的魅力，对孩子的成长具有巨大的牵引和激励作用。儿童心理学家认为，梦想是孩子自我形象的理想化。如果我们鼓励孩子追梦，孩子就会产生强劲的内驱力，在面对各种困难时也会主动想办法去克服。梦想能使孩子在学习、工作过程中不断创造，并获得愉悦的情感体验。

当在成功者的足迹中寻找他们成功的动力源时，大家会不约而同地发现，所有的伟人都是逐梦者，每个人的成功都离不开梦想。从历史的回声中和热浪拂面的现实中，我们感悟到：梦想是一个人的心态，梦想是一个人积极的追求，梦想是一个人的力量，梦想是一个人对追求美好事物的热衷，梦想是一个人对远景的色彩描绘，梦想是一个人奋斗的无声诉说。没有梦想的孩子是没有未来的，是不可能有所作为的。

孩子带着梦想走进了学校，那么，教育者就应该细心地呵护他们的梦想，并为之提供智力支持、知识保障、人格引导。孩子有了梦想（哪怕有些不可思议），我们都应该为他成为"有理想的我"而感到欣慰和自豪，并给予肯定。然而，事实却并非如此，孩子们的任何一个在我们看来不切实际的想法或是行为，任何一个游离于标准之外的答案或是方法，都被我们视为异端和错误而大加挞伐。结果，随着孩子年龄的增长，他们的灵魂日益疲惫，他们的梦想也由强到弱，渐至于无了。

孩子的梦想需要呵护、关注和支持，就如同一棵幼苗的成长需要雨水、空气和阳光一样。让我们的学校教育成为沃土，成为蓝天，发散阳光，呵护着孩子的梦想不断成长……（戴永祥，此文发表于《师道》2004 年第九期）

戴永祥校长

18

2. 确立"知行合一，止于至善"的精神

李彤从 2009 年 8 月到 2015 年 4 月任东涌中学校长。他在《我对教育的思考》一文中指出："盲目追求升学率必然会带来严重的负面影响，学校应该培养具有'知行合一，止于至善'品格的人。"他把"知行合一，止于至善"的精神落实到东涌中学的学校管理、学生教育、教师培养等多个方面。

他意识到，现代教育在培养现代人才方面是存在缺陷的，必须博采古今中外教育之长，为我所用。近代著名教育家陶行知先生提出了"行是知之始，知是行之成"的重要论断和"教学做合一"的理论主张，确立了"行—知—行"的行动策略。

在"知行合一"中，"知"指真理，"行"指人的实践。知与行的合一，就是要倡导为追求真理不畏艰险、认真探索、大胆实践、开拓创新的精神；就是要实现学习与社会生活相联系，与生产实践相结合；就是要按社会生活前进的需要实施教育，打破学校与社会之间的藩篱，使教育回归生活，实现从书本到人生，从狭隘到广阔，从字面到手脑相长，从耳目熏染到身心全顾的彻底转变。

"止于至善"是指"在最善处才停止"或"停止在最善处"。至善，也可以理解为"最好"的境界，不只是满足于较好、更好，而是努力达到最好、一流、高水平。做学生，就要成为最好的学生；做教师，就要成为最好的教师；做管理，就要实现最佳管理；办学校，就要办成一流的学校。

2012 年，在李彤校长的带领下，"知行合一，止于至善"正式作为学校精神，激励全校师生知行并重，不断超越，获取幸福人生的丰硕果实。

李彤校长说，学校倡导"知行合一，止于至善"，就是要培养既能探求真知，又敢于实践且德才兼备、知行并重的人，这样的人才是对社会有用的人。在学生教育方面，教师不仅要重视学生对书本知识的学习，更要重视学生动手、动脑能力的养成。

在"知行合一"方面，教师要做出表率，不能仅仅掌握本专业的基础知识，还要具备相当的实践能力，在道德实践方面更应该做示范，当楷模。最差的教师不是专业基本功差的教师，而是说一套做一套的教师，或是只说不做的教师，这样的教师带给学生的将是终身的负面影响。

在把"知行合一，止于至善"落到实处的过程中，李彤校长的体会是："教育不是做给人看的，搞花架子是不行的。教育是坐冷板凳的事业，必须身体力行，从细微处着手，心平气和地做好每一件事情。再细小的事情都与学生的未来相关，都是大事。把小事做到极致就是功德无量的伟业。几年来，我们潜心改造校园环境，种好每一棵树，种好每一朵花，放好每一块石头，才造就了今天如此美丽的校园。办校兴学、教书育人何尝不是如此呢？"

李彤校长

（五）今日东中，幸福乐园

经过五十年的辛勤耕耘，以及一代又一代东中人的奉献付出，现在的东涌中学已跻身名校，并以全新的面貌展现在世人面前。

现在的东涌中学，已由当初的小校区摇身变为如今的大校园。现在全校有 61 个教学班，其中高中有 36 个班，初中有 25 个班，在校学生达 2600 多人。全校汇集了来自全国各地的教职工，共有 232 人，专任教师 222 人，其中初中 97 人，高中 125 人。高中部具有高级职称或研究生学历的教师有 54 人，占高中部专任教师的 43.2%。

在硬件设施上，学校的建筑面积有 46410 平方米，图书馆的藏书达 171080 册，电子读物 108749 册。学校的体育馆和运动场是广州亚运会排球、足球指定的训练场馆。2013 年，学校建成高标准的国家级考场，为中考、高考考生提供良好的考试服务。

2014 年，学校综合考虑地域文化及民风，提炼出"淳朴、包容、合作、创新"的水乡文化精神，并以"水乡文化"作为东涌中学的校园文化，提出"水乡新韵"特色课程，以"润泽教育"为主题，围绕"水乡新韵"特色课程开展教育活动，把水乡文化贯彻到教学当中去，让学生能够认识水乡，了解水乡的文化和水乡人的精神特质，并继承水乡人的优秀品质，传承水乡文化，在走出水乡后能够获得发展的新天地。

学校全力打造岭南园林式校园，为学生提供一个幽雅舒适的学习环境。学校以"水乡文化"为主题，逐步建成了"德润园""桃李园""校友林""锦心园""'耕读'水乡文化展示园""中草药种植园"等一系列园林景观。如今东涌中学的校园中，举目苍翠，花繁叶茂，百鸟来巢，嘤嘤成韵，鸟语书声，它们构成了一幅优美的画卷！

今日的东涌中学，以岭南水乡文化润泽师生心田，以教育润泽生命，被打造成了一个东中师生乐教、乐学、乐业的幸福乐园。

第二章

和润篇：
制度立校　和谐管理

曹植在《节游赋》中有云："感气运之和润，乐时泽之有成。""和润"，即和谐圆润。"润泽教育"体现在学校的管理上，就是通过组建高效和谐的管理团队，形成良好的运转机制，建立完善的制度，培养良好的执行力，让所有行政管理人员、全校师生都能从日常生活中得到增值，成就人生增值之美。

建立一支优良的教师队伍，抓好日常教学常规工作，保证教学质量，是学校管理的首要任务。东涌中学贯彻"以人为本，求实发展"的办学理念，建立了包括校长室、办公室、教导处、德育处、总务处、教研处等行政管理机构，管理学校的各项工作。在日常管理上，学校形成了一套完善的管理制度，规范教师和学生的日常行为，通过目标激励人，榜样教育人，事业提高人，情感温暖人，活动感染人，生活关心人，制度规范人，促进学校的高品质发展。

一、理念为魂，高效执行

著名教育家陶行知说过，一个好校长也就意味着一所好学校。校长是一个学校的精神支柱，是学校的灵魂所在。一个学校的好坏，和校长有着最直接的关系。东涌中学现任校长黄志远却笑言自己对学校的作用并没有那么大。他出外学习三个月，学校也一样正常运转，这得益于学校形成了良好的运行机制，行政人员各司其职，形成了高效的执行力。

东涌中学现在的领导班子包括黄志远校长、谢宇灵副校长和罗平副校长，他们带领学校围绕"以人为本，求实发展"的办学理念，坚持用多层次、多元化、多方面的教育润泽师生，全力培养身心和谐、情趣高雅、志向远大、具有良好人文情怀和广阔国际视野的现代新型人才。

(一)学生为本，自主发展

黄志远校长于 1998 年 9 月调入东涌中学，2009 年 8 月起任东涌中学副校长，2015 年 4 月起主持学校全面工作。他在学校管理中坚持教育理念是灵魂，管理团队是力量，课堂是阵地，学生是根本的原则。黄志远校长在他的《我追求的好教育》一文中清晰地阐述了他作为校长对"好教育"的理解。他认为，好的教育应当是健全的教育、全员的教育、幸福的教育、个性的教育，是通过多方面的培育，让学生在德、智、体、美、劳等方面都能获得正常、和谐发展的教育。这正是"以人为本，求实发展"办学理念的具体化，即通过教育润泽生命。

润泽教育的根本是促进学生的身心健康发展。黄志远校长希望通过中学六年的教育把学生培养成能够自主发展的人："在我的理念里，学生的成绩不是最重要的，我一直提出一个教育理念，是要造就能自主发展的人，包括学生，也包括教师。因为学生在中学阶段的学习时间可能也就三年或者六年，后面有很长的时间都是靠他们自己。学校希望他们能从这三年或六年的学习中，汲取更多的养分，以利于今后的发展，这也与学校的'润泽教育'理念相吻合。"

黄校长说，我们希望通过活动感动人，感染人。为什么学校要搞这么多学生活动，就是不想让学生只知道学习备考，还要让他们知道有很多素养需要提高。例如，在东涌中学，学生在初中三年内就必须学会两种球类运动，必须学会唱几首中国经典民歌。

以前初中的体育课一般都是为了应付中考，对学生来说并没有真正的实用性。学习球类运动，可以让他们终身受用。高中的体育课则必须硬性地教会学生体育技能，培养他们的体育素养。现在学校的球类体育馆都是长期对学生开放的，以便于他们随时使用，从而培养他们对球类运动的热爱。

音乐课与美术课也一样，要达到培养学生的审美意识和创新能力的目的。以前的音乐课只是让学生学习课本知识，让他们去听，美术课则是教学生看，却很少让他们动手参与。课本知识能够提升学生的智力，增长见识，但有些知识并不是能终身用得上的。学生只有通过多参与，才能学到真正的技能，这些技能对他们的人生才能起到实际作用。例如，随着阅历的不断丰富，学生可以从学唱经典民歌中受益很多。随着他们年龄的增长，这项技能对他们来说就会越来越有用。

学校教育不仅要让学生掌握真正的技能，还要引导学生养成良好的阅读习惯，因为好的阅读习惯可以使学生终身受益。现在学校图书馆从周一到周日都是全面开放的，全校师生可以随时前去阅读。学校要求学生每个学期读够 120 万字的书，有些教师觉得这不太可能实现。其实120 万字也就是大约 10 本书的字数，学生们有充裕的课余时间，如果他们找到自己喜欢的书，就会沉迷其中，阅读的速度就会加快。每个班的教室都会有图书角，学校会定期举办"共读一本书""图书漂流""阅读讲座""阅读心得分享会""演讲比赛"等活动，评选"阅读之星""书香家庭"等，以此营造阅读氛围，激发学生的阅读兴趣，使他们养成良好的阅读习惯。

阅读习惯的培养对教师同样重要。现在很多教师看手机的时间远比读书的时间要多，而且很多时候读书也是为了打发时间，很少有人为了拓展专业知识或提升自我而读书。学校必须为他们营造一个良好的读书环境，如在学期初形成读书小组，定期举办读书交流活动，把经费落实到每个小组，引导教师们静下心来多读书。

黄志远校长

我追求的好教育

我很荣幸，我从事的是太阳底下最光辉的职业；我又很惶恐，作为校长，学校的灵魂，我要引领学校的发展。我努力学习，不断反思：我心中追求的好教育究竟是什么样的教育？无数刻苦的学生，众多敬业的同事，当他们在我脑海中慢慢回放时，我逐渐有了一些自己的标准。

首先，我追求的好教育是一种健全的教育。教育的本质是育人，使一个自然人变为社会人。健全教育就是让我们的学生德、智、体、美、劳等方面都能获得正常、和谐的发展，学生的脑力与体力、做人与做事、继承与创新、学习与实践同样不可偏废。我追求的教育不是只重视智育而轻视德育、忽视美育和体育的教育。思想不好是危险品，身体不好是废品，心理不好是易碎品，我们要立足现在，着眼未来，为学生的终身发展打下亮丽的"底色"。

　　我校年年中高考成绩都是双丰收，但我们不是只围绕中高考的指挥棒在转，我们还定期举办德育系列活动、社团活动、科技创新活动、球类联赛、舞蹈队出国交流活动等。我们要培养身心健全的学生，具有终身学习能力的学生，具有独立思考能力和远大抱负的学生。

　　其次，我追求的好教育是一种全员的教育。教育要面向全体学生，无论他们是睿智的还是笨拙的，是富裕的还是贫穷的，我们都要向他们敞开宽广的胸怀，为其搭建成长的平台，让他们的潜力得到最大限度的发挥。是泥土，我们就把他烧成砖瓦；是铁矿，我们就把他百炼成钢；是金子，我们就让他光芒万丈。

　　我们学校的教育，是一种阳光教育，而不是精英教育。我们充分尊重学生的个体差异，深入分析其自我意识、学习风格、智力或能力，制定丰富而灵活的教育计划和教育策略，开发每一个学生的潜能，使每一个学生都能在原有的基础上得到充分的发展，得到新的提高。

　　再次，我追求的好教育是一种幸福的教育。教育本就是生活，是一种师生共同参与的生活，所以教育就应该是幸福的生活。如果我们的教育是单向的、畸形的、片面的、唯分数的教育，那就没有幸福可言了。缺乏德行，缺乏感恩，是教育的悲哀。

　　我们长期以来努力建设幸福校园，让师生都能在教育生活中体验到幸福。我们努力打造一种爱的教育，让彼此既是师生亦是朋友。我们关心学生，关心教师，使学生幸福成长，使教师安教乐教。我们用心建设岭南特色校园，使师生每天都能生活在充满诗意的园林中。

　　最后，我追求的好教育是一种个性的教育。无论学校、教师、学生还是课程，都有其共性和个性，在共性的基础上，我们充分尊重并发挥其个性，这样的教育才具有独特性，才不会千校一面。

　　我们的校园有独特的岭南风格，有众多文化底蕴深厚的园林；我们的教师来自五湖四海，他们的文化相互影响，在学校搭建的平台上人尽其才；我们的学生有许多张扬个性的舞台，学生已能申报国家发明专利；大自然快乐操、舞蹈队舞动到了国外和中国香港、台湾地区；"水乡新韵"课程，是广州市第一个重点立项的特色课程，这就是我心中的个性教育，我心中的好教育。

印度大诗人泰戈尔说过："花的事业是甜蜜的，果的事业是珍贵的，让我干叶的事业吧，因为它总是谦逊地低垂着它的绿荫。"我会在追求好教育的路上，志存高远，默默耕耘，去实现我的教育梦，去实现南沙新区的教育梦。（黄志远）

(二)献身教育，智慧行者

谢宇灵副校长自称是一个教育的行者，她的行囊里为教育准备着激情、理想和智慧，她穿行在理想与现实之间。她的座右铭是：

百年过客　千古文章　洗尽铅华　万卷藏书养正气
一片丹心　两袖清风　开启心智　三生有幸育英才

谢宇灵于 2007 年调任东涌中学副校长，她秉承东涌中学的"知行合一，止于至善"的精神，在德育工作中，注重学生的心理健康教育，通过多种方式帮助学生形成健全的人格，使其身心得到和谐发展。在负责学校的总务后勤工作中，她注重建设安全优美的环境，润泽全校师生的成长。

她在负责东涌中学的德育工作时尽心尽力。她对高一年级学生进行了"让理想的翅膀飞翔""点亮心灯　规划人生"的理想教育；和任嵘老师一起对高一年级学生进行学习适应性问卷调查，分析学生存在的问题，向高一年级教师和家长提出解决的对策。她还特别关注女学生的身心健康发展，分别对初二、高一年级女生进行"美丽女生　美丽人生"的女性教育讲座，帮助女生正确认识自己、悦纳自己，自尊自爱、自信自强；对家长进行"走进孩子心灵　与青春期孩子同行"的专题家教讲座，受到广大家长的好评。

在负责学校的总务后勤工作时，她重抓校园安全，组织后勤人员认真做好各种流行病的防控工作。在校园文化建设方面，她安排人员对地理园水池滤水系统进行改造，放养锦鲤；在校园里安放盆景，种植了十多种近 8000 株有岭南特色的植物；在高三和初三楼之间建造了"桃李园"，购买黄蜡石并刻上"桃李"二字，这两个字的寓意有三层：学校"年年桃李、岁岁芬芳"，学生"今天是桃李芬芳，明天是社会栋梁"，教师则"桃李满天下"；在体育场弯道外的黄蜡石上刻草书的"搏"字，象征着东涌中学全体师生奋发拼搏的精神。

谢宇灵副校长

(三)管理到位，服务育人

东涌中学的教学活动正常运转，这在很大程度上得益于罗平副校长精细到位的后勤管理工作。

罗平副校长于 2000 年进入东涌中学，自 2016 年至今担任学校的副校长，主管学校的后勤工作。后勤工作是学校工作的重要组成部分，是学校发展的基础保障系统，是为学校的教学以及全校师生服务的。例如，校舍的建设和维护，设备的购置、维修和保养，经费的筹集、分配和使用及办学所必需的各项服务都是开展教学活动的基本条件。

后勤工作是千头万绪、繁杂琐碎的，后勤工作者不仅要细心，还要有耐心。罗平副校长说，做后勤工作要有服务精神，不能讲究个人的成就感，所有后勤工作的出发点和归宿都是满足教学的需要，目的是保证和促进教学工作的开展。后勤工作就是要认真地解决问题，对教师尽量做到关心和体谅，尽能力去改善教师的办公条件和生活条件。

作为副校长，罗平说希望自己能做好管理工作，推进学校的发展，把学校的硬件、环境、文化都建设得更好，为师生们提供更好的教育环境，服务育人。

罗平副校长在东涌中学工作了 17 年，见证了学校的跨越式发展。带着对学校深厚的感情，他的后勤服务也更加精细，他努力争取更多的资源，以便更好地为教育教学服务。

罗平副校长

二、用人育人，培养名师

教育大计，教师为本；教师大计，师魂为本。只有一流的教师队伍才能创造一流的教育成绩，才能使学校真正成为学生喜欢、社会满意的学校。东涌中学以"润泽教育"为主题，建立了一系列成才激励机制，为教师搭建成才平台，以培养名师为目标，旨在通过"润泽教师"，帮助他们自主发展，自我增值。

在东涌中学，教师有很多成长提升的机会。这里既有从学校一步步成长、有多年执教经验的成熟骨干教师，也有刚加入团队的新生力量，他们都以东涌中学为乐业平台，在工作岗位上散发着自己的光芒，获得人生的发展。

（一）搭建平台，引领成长

杨燕和伍妍伊老师都是 2014 年进入东涌中学的青年教师，属于东涌中学的新生力量。她们各有自己的专业发展方向，但初进东涌中学时的经历比较相似。杨燕老师说，东涌中学原来在体育课程上并没有专业的健美操、啦啦队和街舞等课程，在她加入后，学校给了她很大的空间，让她带领学生们组建社团，参加训练。她带着社团走出学校，走向国外参加各项活动，并取得了优异成绩，得到了学校领导的大加赞扬与充分肯定。

伍妍伊老师说她刚进学校的时候像个小笨鸟，乱飞乱撞，工作没有头绪。因为她所学的专业是舞蹈学，所以不知道如何上好音乐课。科组的罗群老师教会了她很多方法，如怎样处理好课堂，怎样和学生交流，慢慢地她就能够适应了。

每一位年轻的教师进入东涌中学后都会得到很好的指引，并得以快速成长。他们自进入东涌中学之日起，就会加入学校的青年教师"一二三四五"培训计划。"一二三四五"分别是指第一年有专门的教师加以指引；第二年能够形成自己的教学风格，发挥自己的教学优势；第三年能够在教学上崭露头角，创出一定的成绩；第四年掌握基本成熟的业务技能，能够完全独立完成教学教研工作；第五年则会获得更多的发展机会，能走出校门，对外交流，树立东涌中学教师的良好形象。

学校在对教师的培养上主要是从四个方面入手的：一是正确引导，引导青年教师确立坚定的政治方向，热爱本职工作，热爱学生；二是精心培养，以常规为基础，以实践为途径，及时总结典型，表彰先进；三是压担子，教学上严要求，科研上给课题，让青年教师通过上汇报课、学术交流、竞赛辅导、进修学习等方式早日成长；四是严格考核，强化激励机制，让30岁以下的非毕业班青年教师全部参加相应学科一年一度的解题比赛。

东涌中学把"名师"培养作为队伍专业发展的最高目标。学校每年组织教师开展教育科研的"八个一"活动：读一本教育理论著作，承担或研究一个子课题，上好一堂公开课，展示一项教学技能，编制一份优质试卷，制作一个优质课件，撰写一个优质案例，发表一篇教育教学论文。

学校提供平台和激励机制，引导教师们争当骨干，争创名牌，争做科研型教师。目前，东涌中学有广东省骨干教师11人，区级以上骨干教师41人。喻振南老师成为广州市基础教育系统"百千万人才培养工程"之"中小学名教师"培养对象，李苑珍老师建立了广州市"名班主任"工作室。

在这样的机制下，东涌中学的教师们都能走上一条成长成才的发展之路。例如，赵美华老师从2000年进入东涌中学，在这里从教了十多年。她因为有比较丰富的教学经验，所以一进校就带第一届高三学生。赵老师说，那时候所有的老师都很拼命，大家一起努力，所以在那一年的高考中取得了优异的成绩，得到了学校的充分肯定。在这十多年中，她从一名普通的语文教师成长为语文科组组长，带领全校的语文科组共同前进。赵老师的成长经历代表了众多东涌中学教师的发展之路。

(二)学习提升，消除倦怠

黄志远校长说，学校里有部分中年教师在从教生涯中遇到了职业倦怠的问题。有些教师在前十几年的教学工作中能保持工作热情，但是步入中年之后，他们就会感到迷茫，出现倦怠的情绪。为了帮助这部分教师消除倦怠情绪，对于体育、艺术类的教师，学校要求他们各自选定一个专业方向，谋求纵深发展。例如，体育教师可以选定篮球作为自己的专业发展方向，并在这个领域进行深入研究，获得专业发展。又如，音乐教师可以选择钢琴，美术教师可以选择油画等方向，以谋求更深的发展，不断提升自我，从而消除职业倦怠情绪。

兼任班主任的学科教师常跟学生沟通，较少出现职业倦怠现象。有些学科教师因为跟学生交流得少，很难从学生身上学到新的东西，尤其一些步入中年的教师，他们所掌握的知识结构还停留在大学时代所掌握的那样，但是很多知识都已经扩充更新了，如果教师不注重学习提升，就有可能教给学生错误的学习方法，所以教师的继续学习非常重要。学校要鼓励教师多学习，多出去交流，也要尽量为教师提供更多的学习机会。

帮助教师消除职业倦怠情绪的一个好办法就是让教师从初一到高三一直带领一个班，实现教学的大循环。这个做法推行起来有一定的难度，因为高中教学比初中累，很多教师都不大愿意接受。但是初中与高中的教学知识是相关联的，初中的教学必须是面向高中的，教师必须了解知识的整体架构，以便更好地进行教学。例如，一名化学教师长期教初三，他就会只了解初三的化学知识结构，却不知道高一、高二的化学教学内容，那么他在教学过程中就没办法教给学生哪些知识是基础的，是必须掌握的，也就没办法帮助学生做好学习高中化学的准备。实现教学大循环，迫使教师去学习了解新的知识结构，能够帮助他们更有针对性地进行教学。面对众多挑战，教师就需要付出更多的努力去迎接挑战，从而消除工作上的倦怠情绪。

如果教师的工作能够获得更多的肯定和鼓励，他们的工作热情就会大大提高。学校应该对教师的工作成果以及所获得的荣誉做更多的表彰、宣传，这样有利于消除教师们的倦怠情绪。

三、立德树人，心灵守护

黄志远校长说，学校的教育要能够培养学生的自主发展能力，对他们一生的成长起到良好的促进作用。"润泽教育"，是通过感化、体验、熏陶、浸润、唤醒等方式，让学生快乐成长，成人成才。

东涌中学通过制度规范学生的日常行为，让他们养成良好的学习习惯与生活习惯。在德育方面，学校注重举办多彩的活动，让学生展示多方面的才能，使学生在活动中开阔视野，得到多方面的锻炼，从而促进学生成长。

(一)全面培养，能力提升

在东涌中学，"润泽教育"的润泽方式是全面培养学生，让学生快乐成长，成人成才。学校对学生的培养主要从以下四个方面入手：

第一，加强世界观、人生观、价值观和理想前途教育，注重毅力和意志等个性心理品质的培养，让学生养成体育锻炼的习惯，强健其体魄，创造条件进行心理健康教育，及时对学生进行心理辅导和调节，使其形成健康心理，培养学生的环保意识和生命意识。

第二，培养学生良好的学习习惯和生活习惯，引导学生爱科学、学科学、用科学，使其用科学的头脑武装自己，用科学的方法指导自己的学习和生活，用科学的态度面对自己的学习和生活。引导学生关注社会并服务社会，教育学生敢于追求真理，敢于为真理献身。

第三，教育学生勇于承担责任，积极参加公益活动，具有社会责任感。通过多种渠道培养学生的学习兴趣，提高学生运用已有知识、经验和技能分析问题和解决问题的能力，使学生具有一定的研究能力和创新能力。

第四，培养学生的特长。通过各种途径为学生提供发展特长的良好条件，为学生展示特长提供平台。

(二)活动育人，德润身心

负责学生德育工作的李铨标老师说，学生的德育工作很琐碎，必须要有实效性。教师在进行德育工作时首先要做好常规管理，让学生养成良好的行为习惯，对学生的督促检查要落实到位。

　　学校通过制定《学生日常行为规范百分考评实施细则》《学生在校一日常规》《文明宿舍评比条例》和《净化、绿化、美化制度》，帮助学生养成良好的卫生习惯和生活习惯，从而使其更好地完成学习任务。

　　学校积极组织系列化、多样化的德育活动，大力拓宽德育渠道，帮助学生形成良好的世界观、人生观和价值观，为社会培养健康向上的合格人才。

　　学校的德育处每天、每周、每月都会为学生安排不同主题的德育活动：一天一次读报活动，一周一次升旗仪式，一年一度新生军训，每年元月、二月开展"尊重父母，感恩社会"的活动，三月开展"学雷锋，做文明学生"的活动，四月开展"缅怀革命先烈，继往开来"的革命传统教育，五月开展"继承'五四'光荣传统，弘扬'五四'精神"的培养民族精神的活动，六月开展"珍爱生命，远离诱惑"的活动，七月、八月开展师生及家长读书月和创新素质实践行活动，九月开展"规范月"的活动，十月开展以"爱我中华"为主题的爱国主义教育活动，十一月开展"做一个有责任感的中学生"的教育活动，十二月开展科学探究及社会实践活动，使德育内容在时间上不断线。

　　在德育形式上，学校讲求多样化，通过校园网络广播站、参观访问、社会实践、主题班会及团队活动、演讲比赛等学生喜闻乐见的形式，使学生从中受到形象具体的熏陶和潜移默化的教育。

　　学校加强与家长、社会的联系，利用多种渠道对学生进行德育影响。例如，各个年级都会认真组织家长会，与家长沟通学生的在校表现，了解学生的家庭情况，提出家校联合培养的建议。另外学校还会邀请派出所的驻区民警给学生们上法制课，邀请消防官兵给学生们上消防安全课，邀请专业心理咨询师给学生们上心理辅导课，从而达到多方面德育渗透的效果。

(三)特殊学生，爱心感化

　　霍锐泉老师在谈到对学生的管理时说，在他任教的学生班级中，曾经有几个学生管教起来难度比较大。因为这个年龄段的学生处于叛逆期，有些学生对教师的苦心教导根本不屑一顾，对学校的规章制度也不当一回事，有时候都不回校上课。学校和教师在对这些学生的管教上需要花更多的心思与精力。

陈雪丽老师对患有抑郁症的学生小怡给予了特别的关爱，通过多关心、多沟通，费尽心思帮助小怡走出了黑暗的抑郁症生涯，重新找回了生命中的彩虹。

东涌中学的教师都有很强的服务意识，他们关心学生，耐心对待有逆反心理和对学习有抵触情绪的学生，时刻注意维护学生的自尊心，引导他们走上有规律的学习生活。

有些学生在行为上、心理上可能暂时会有些偏差，学校特别设置了"心灵驿站"心理辅导室，利用心理学的方法对其进行矫正，还利用"家长学校"向家长传授这方面的知识，家校联合，帮助学生走出困境。

有些学生因为成绩差，暂时失去了信心，表现出对学习的兴趣缺乏，学校就实行"导师制"，结对帮扶，对其进行学业辅导。大部分学生都找回了自信，重新爱上了学习。

有些学生文化成绩不好，但是在其他方面有专长，学校就结合学生的实际情况，帮助他们学习音乐、美术、体育，引领他们走专业发展之路，把他们培养成社会需要的人才。

对于有经济困难的学生，学校也会想出各种方法帮助他们，或给予减免，或给予奖励，或联系爱心人士给予资助。学校这样做的目的是绝不能让他们失学，也不能让他们因为经济困难而产生自卑心理。对于一些来自单亲家庭或是家庭有困难的学生，教师会及时了解，随时关注，帮助他们解决问题，让他们感受到温暖与关爱，培养他们健康的人格。

每年新生入学时都是各个班主任最为忙碌的时候，教师们会亲自家访，了解学生的情况，并做好长期跟访工作。即使是已经从学校毕业，考上了大学的学生，如果因为经济困难或家庭原因不能就读的，学校也会联系政府有关部门或是社会上的热心人士帮助其解决问题。

(四)疏导沟通，心灵守护

中学生处于青春发育期(人生的第二次成长高峰)，他们的生理、认知、情感、意志、自我意识等方面都在迅速发展。有些学生由于自身的不成熟，以及受到来自家庭或社会的种种不良因素的影响，形成了不健康的心理。如果不加以正确引导，学生就容易出现心理不平衡、性格偏异等问题，产生不良后果。

一般来说，中学生心理上的问题主要表现在三个方面。

首先是如霍锐泉老师所提到的青少年在成长过程中的叛逆时期，他们产生了强烈的自我意识，不愿意听从教师和家长的劝导，有意反其道而行之，用反抗教师和学校的行为来表达自己的能力和价值。对于这些学生，教师、学校和家长需要共同努力，通过正确引导，帮助学生顺利度过青春叛逆期。

其次是如陈雪丽老师提到的像小怡这样的学生，他们的心理脆弱、封闭。现在的孩子大多是独生子女，生活条件不错，但由于父母忙于事业，无暇顾及他们，有些孩子就会形成内向孤僻的性格，不愿跟家长、教师说心里话，把自己的心理封闭起来。这一类学生一般都没怎么吃过苦，也没受过什么挫折，如果在学习或生活中碰到一点不顺心的事，内心的苦闷没办法得到排解，就会产生焦虑、抑郁的情绪，严重的可能就会像小怡一样陷入抑郁症的困境。这就需要教师平时多注意观察，多关心学生，赢得他们的信任，适时帮助学生缓解心理压力，增强学生的抗挫折能力。

最后是由应试教育下的繁忙学业和激烈竞争所导致的不健康的心理。特别是高三的学生，高考的压力让他们经常处于一种高度紧张的状态，超负荷的学习强度使得学生精神紧张，心情压抑。黄志远校长在《谈高三毕业班教育管理的一些方法》一文中，就把学生的心理与情绪管理作为学校毕业班教育管理的一项重要工作来抓。

学生的心理健康教育非常重要。东涌中学是广州市较早开展心理健康教育的学校之一，早在 2003 年，学校就已经成立了"心灵驿站"心理健康辅导室，把心理健康教育作为素质教育的重要课题来研究，不断探索符合中学生实际的心理健康教育的新途径和新机制，经过多年的努力，在心理健康教育方面已凸显了特色，取得了一定成效，学校中没有出现因心理问题而休学、退学的现象。

学校非常重视学生备考的心理教育，帮助他们化解备考的压力，调节好情绪。黄志远校长在《谈高三毕业班教育管理的一些方法》一文中对此有详细的阐述：

高三年级，是学生完成基础教育的最后一年，也是决定学生前途命运的最关键的一年，学生的学习任务重，学习强度大，时间紧，考试频繁，学生学习上遇到的困难多，承受的心理压力大。对于每一位教师而言，高三是经过多年默默栽培，等待收获的一年，心理上也同样承受着巨大的压力。对于他们来说，备考的日日夜夜都是刻骨铭心的。作为管理者，如何根据学生的学习心理变化规律以及每一位高三教师的特点来探索高三毕业班管理是高考研究的重要课题。

参与高考备考的个体有两类，一类是学生，另一类是教师。高三毕业班的管理对象也是这两大群体，而且这两大群体的心理状态和身体状态直接影响着高考成绩。我校一直以来坚持以人为本的原则，对学生或教师都是采用人性化的管理方式，充分调动学生与教师的备考积极性，因此连续多年在高考中取得了好成绩。

在高考备考过程中，学生长期担负着较大的学习压力，内心渴望得到更多的抚慰与关爱，教师的关心和支持，对于促进他们的内因转变、强化内动力、奠定良好的心理品质及提高高考成绩有极大的作用。教师可从以下三个方面给予引导和管理。

第一，目标教育。日本教育家佐藤正夫说："一切教育现象、教育过程得以形成的最高基准点就是目标。"实践证明，目标教育在高三阶段起着非常重要的作用，它是学生奋发向上、努力学习的原动力。

作为高三学生，每一个学生的潜意识里都有一个强烈的目标，而作为管理者,我们首先要引导学生对目标价值有一个正确的认识,要让学生充分认识到高三学习的成功所体现出来的社会价值和个人价值以及其他潜在的价值,要认识到今天的奋斗与个人前途和未来的社会需求之间的密切关系,从而激发学生的学习热情,还要使学生充分认识到人生要有自己的奋斗方向。高考是学生回报自己、回报家庭、回报学校和社会的一次考核,今天的奋斗是为将来实现个人价值和回报社会做准备。其次要引导学生为自己确立一个明确的、富有挑战性的目标。高三年级教师会在高三开课后让学生填写一张小小的"目标责任卡"(上面有学生的奋斗目标和奋斗宣言以及学生酷爱的本人照片),并把"目标责任卡"统一在橱窗里进行展示,让学生之间相互学习、相互竞争。教师做好督促学生实现自己目标的工作,要求学生坚持每月在"家长联系卡"上写上自己的阶段性小结、反思目标完成情况以及修订下阶段为实现目标所采取的措施。教师要关注学生为完成目标所做的一切努力,并及时给予表扬、肯定、鼓励、关心、指引等,具体内容可以在日常谈话,或者在"家长联系卡"上的导师寄语一栏有所体现,让他们在不断的明确反馈中向目标迈进。

第二,信心教育。爱因斯坦说:"自信是向成功迈出的第一步。"列夫托尔斯泰说:"决心就是力量,信心就是成功。"这些话语都道出了自信的重要性。高三一年的备考中会有多次大大小小的测试和模拟考试,不少学生会随考试成绩的高低而呈现不同程度的情绪变化。对于那些连续考砸的考生而言,在他们彻底失望时给予信心的干预是非常有必要的。

我校在高三年级一直宣扬"自信者强,自强者胜"的理念,强化"我行,我一定行"的思维惯性,开展主题年级会,让学生在写有"我信,我行,我拼,我赢"的横幅上签上自己的姓名,并将此横幅悬挂在年级最显眼的地方,让学生每天都能感受到自己奋斗的力量与信心的源泉。年级组还会根据学生在不同时期的不同状态组织学生观看一些励志的电影,如《高三》《肖申克的救赎》以及央视专题节目《共同关注》里边的一些励志专题节目等,以帮助他们从真实或虚拟的人物中找到榜样,从而增加学习的动力。

第三,情绪教育。高三学生面临着较大的高考压力,容易烦躁、焦虑、压抑、冲动,甚至做出过激的行为。如果这些不良的情绪得不到很好的宣泄,势必影响学生的身心健康发展,会直接导致高考的失利。这就要求教师懂得观察或者感知学生的情绪,并能根据学生的情绪进行个别或集体的辅导和调节,这对于整个备考过程是非常重要的。

管理者首先要做的是帮助学生尽量远离这些不良情绪,也就是之前要对学生进行适当的教育,让学生学会控制情绪,尽量减少不良情绪的出现次数,学会做情绪的主人。年级组也要做好营造良好氛围和创设合适情境的工作,如适时地组织学生参加一些集体活动,或者召开一些座谈会(我们叫恳谈会)等,引导学生在活动中放松身心,合理宣泄,释放压力。俗语说:"河可导而不可堵。"情绪亦是如此。在这几年的毕业班管理安排中,我们都会在每年的备考过程中组织三至四次大型户外活动,包括参观广州大学城,拓展活动,学生、教师、家长、义工大联欢,师生趣味运动会,登山励志等。每次活动归来,学生的精神面貌都会焕然一新,他们的情绪良好,士气高涨,这对备考起到了很好的作用。

在日常管理中,我们会渗透一些小细节,以优化学生的情绪,如每天早上让学生喊一次本班的奋斗口号,每个晚自修中途让大家高歌一曲《步步高》,倡导每一位教师每天找一至两名学生谈谈话,等等。

第三章

涵润篇：
深化改革　教学相长

唐代诗人司空图在《复安南碑》一诗中有云："蒸云涵润，决天阃以滂流；击壤登歌，嬉春台而自乐。"涵润意为滋润，此处指学校通过课堂改革，提高教学质量，达到"润泽生命"的目的，也体现了教学的"浸润式"的特点。

　　教学质量是一个学校的生命线，是衡量一个学校的尺码。在课堂改革与教学质量的提升方面，东涌中学的教师们把"知行合一，止于至善"的办学精神落实到了行动上。

　　东涌中学近年来的教学成绩不断攀升。在常规教学中，学校严把备课、上课关，提升教师的课堂教学能力，深化课堂教学改革。同时，学校特别设立了教研处，带领教师们进行课题研究，培养了一支研究型的教师团队，有效提高了教学质量。

一、常规教学：保证质量，注重反思

黄志远校长在谈到对学校教学质量的管理时特别指出要对教师的日常备课、上课进行严格把控。首先，要抓好备课组的建设。学校教学的最小单元就是备课组，每个备课组有两到三位教师，多的可能有七八位教师。学校教导处规定，每个备课组每个星期都要有一次集体备课，文科安排在星期四下午，理科安排在星期五下午。每个备课组必须按学校规定的时间和地点展开集体讨论和备课，讨论后要把备课内容上交给教导处审查，这样能够更有效地提升教师的教学水平。

学校在日常的常规教学管理中要求教师落实好教学的五个基本环节，根据教材特点，结合学生的实际情况，科学合理地选择教学方法，抓准重点和难点，用语言美、情感美、形式美、逻辑美的形式去感染学生，让课堂更加生动。

(一)反思交流，高效课堂

为了打造高效课堂，备课组坚持"三研究、三统一"的原则。"三研究"，是指研究课程标准与课程，研究学生与学情，研究学法与教法；三统一，是指统一进度，统一检测，统一质量分析。各科组长坚持开展"推门听课"活动，有针对性地跟踪和指导教师的课堂教学情况，力保各个年级中各班、各学科均衡发展。学校对教学常规实行检查制度，对优秀的教师在全校进行公开表扬，对有问题的教师提出整改意见。

每位教研组都有评价教师课堂教学质量的具体标准，有推进本教研组课堂教学质量提升的具体措施。每个教师都要结合本学科的特点，发现自己在课堂教学中的薄弱环节，按照科组标准，找出应对措施，提升课堂教学水平，切实提高每一堂课的效率。

教师注重通过反思、交流来提升教学水平。各个年级坚持定期召开教学质量分析会，交流、总结各学段积累的教学经验，分析存在的问题，研讨解决问题的途径和方法，确保达到各学段的教学目标。

学校非常重视学生对教师教学的反馈，每个学期各个年级都会召开学生座谈会，教导处会组织全校性评教查学调查，收集学生对各科任教师教学的意见，对广受学生好评的教师进行表扬。各科组开展教学反思活动，形成"课后思""周后思""单元思""月后思""读后思""学后思"的氛围，提升教师的专业水平，同时开展形式多样的教学展示、比赛、研讨活动，促使教师进行课堂教学改革，催生一批在教学各个方面能力都很强的教师，形成学校骨干教师队伍。

一系列的机制帮助教师提升了课堂教学能力，形成了自己的课堂风格。他们在追求课堂教学质量上精益求精，不断进取。有些教师的课堂深得学生喜爱。

（二）探索开拓，精益求精

在课堂教学交流会上，谌清泉老师说："我觉得，听完别人讲的课却不提一些建设性的意见就是不尊重讲课老师的行为。"他主张把听课、评课活动搞得更扎实。他自己讲完课以后，每次都会真诚地请大家批评。在他的带动下，学校的语文科组形成了相互听课、真诚切磋交流、共同提升的良好氛围。科组内的密切合作为语文科成绩的提升奠定了坚实的基础。几年来，学校高考语文成绩持续走高，进入番禺区前三名，受到了广大同行的一致好评。

谌清泉老师是2004年从外地调入东涌中学的。他拥有北京师范大学硕士研究生学历，是中学高级教师。在谌老师调入东涌中学之前，学校没有高级教师。他由于有较丰富的高中教学经验，尤其是高三教学经验，一到学校就被安排到高三年级任教。面对学校的信任，面对同事们的溢美之词，他始终保持着清醒的头脑，保持自己一贯的低调而务实的作风，不骄不躁，严格要求自己。他经常对同事们说："我初来广州，一切都是空白，一切都要从头开始，还要请大家多帮助！"

实际上，他是这样想的，也是这样做的。面对和以前相比不同的学生、不同的教学环境、不同的教学手段，他虚心请教，有疑必问。他这种平和的心态、谦虚而真诚的态度很快赢得了师生的尊敬，他自己也迅速适应了环境，融入东涌中学这个大家庭之中，并展现了自己在专业方面的长处。

他一方面要求自己在日常工作中虚心向同事学习，一方面主张在业务上互相切磋、取长补短。出题，印题，搜集资料、信息，他都抢着干，从无怨言。科组的教研活动，他每次都积极参与。谌老师的教龄接近二十年，教学经验丰富，但他并不满足。他经常说："教学是一门艺术，又是一门科学。没有人可以一劳永逸，可以仅靠经验把工作做好。要跟上教育发展的形势，就要不断学习。教研是推动教学的有效途径。"

多年来，谌老师坚持科研促教，积极开展教研活动，先后写出了《千万次地问——"质疑法"作文教学模式探索》《也谈教师的话语霸权》《语文小组合作学习的网状管理》《夏四奶奶为什么没有死》《关于提高阅读教学有效性的几点思考》等一系列教学论文，其中《千万次地问——"质疑法"作文教学模式探索》和《也谈教师的话语霸权》获得广州市教学论文评比一等奖，《关于提高阅读教学有效性的几点思考》在全国中文核心期刊《现代语文》上公开发表。

在课堂教学设计上，谌老师有很多出色的案例，但是他仍然不断地探索新的教学方法。在教授鲁迅的小说《药》时，他就打破了以前的老思路。

在第一课时，他先让学生了解小说的写作背景，然后自读课文，说出自己的感受。在谌老师的引导发问下，学生分别给出了以下答案："迷惘、怕、同情、厌恶、恶心、愤怒、心痛、沉重、凄惨、恐怖……"然后他带领学生一起点评了小说让读者产生这些感受的内在根据：

怕、恐怖——在漆黑的后半夜一个人去刑场买药，能不叫人毛骨悚然？把人血馒头当药吃不令人恐怖？想去解救穷苦大众的革命者夏瑜反被他要解救的人毒打、嘲骂，这不令人恐怖？第四节坟场上的气氛不令人恐怖？……

同情、心痛、沉重——华老栓忠厚、勤劳却受别人欺侮，遭遇这么多的不幸，怎能不叫人同情呢？华老栓用辛辛苦苦挣来的钱买了一包不能治病的假药，不叫人心痛吗？白发人给黑发人上坟，怎能不叫人心痛？夏瑜的革命行动不被一般群众理解，甚至连自己的母亲都全然不理解，怎能不叫人备感沉重？……

厌恶、恶心——人血当药卖，当药吃，怎能不叫人厌恶、恶心？刽子手的嘴脸不令人厌恶？茶馆里茶客的庸俗与无聊不令人恶心？……

愤怒——统治者对革命的残酷镇压以及封建统治者的帮凶残害革命者的行径怎能不令人愤怒？……

凄惨——华老栓一家和夏瑜一家的遭遇难道还不凄惨？

学生们听了谌老师简单的点评后，不仅明白了产生这些感受的内在根据，而且通过梳理小说内容，还明白了一个道理：一千个读者允许有一千个哈姆雷特！

到了第二课时，谌老师让学生们概括总结故事的开端、发展、高潮、结局，大家很快将情节梳理了出来。然后谌老师让学生找出小说中的所有人物。学生在寻找过程中，提出了一个非常有价值的问题："在'茶客谈药'一段中，康大叔说：'夏三爷真是个乖角儿，要是他不告官，连他满门抄斩。现在怎样？银子！——'学生问，康大叔和夏家什么关系？夏瑜家到底有没有被满门抄斩？按照文中的意思——'连他满门抄斩'，夏瑜家应该被满门抄斩了，可是后面怎么还有夏四奶奶上坟呢？"学生的这一问题得到了谌老师的大加赞扬，学生发现自己能提出这样有价值的问题，其探究的兴趣也就被极大地激发出来了。

到了第三课时，谌老师就带领大家仔细梳理小说的情节并分析小说的语言艺术。以下是教学板书：

```
                    ┌ A. 语言描写（花白胡子与驼背五少爷、夏瑜）
          1. 如何   │
          写人物   ┤ B. 动作描写（康大叔卖人血馒头，华老栓走路）
                    │
                    └ C. 肖像描写（康大叔的衣着、眼神，华大妈的神色）

                    ┌ A. 自然环境（秋天后半夜，坟场死一般的静）
          2. 如何   │ B. 社会环境（茶馆、兵勇衣服、坟场的小路）
          写环境   ┤
                    │  （环境描写的作用：交代时代背景，渲染气氛，烘
                    └   托人物心理，推动情节发展）

                    ┌ A. 标题暗示（华老栓买的药、夏瑜找的药）
                    │ B. 环境暗示（秋天后半夜之黑、出太阳对华老栓的
          3. 如何   │    心情影响、坟头的花环、坟场死一般的静）
          进行暗示 ┤
                    │ C. 线索暗示（明线暗示、暗线暗示）
                    └ D. 人名、人物暗示（华家、夏家、老少茶客）

                    ┌ A.（华大妈拿钱）
          4. 如何   │
          锤炼词语 ┤ B.（刑场看客）
                    │
                    └ C.（康大叔抢钱）
```

（括号里的内容在学生找出并品味以后，教师再板书出来）

在寻找、体会这些艺术手法的过程中，学生又把文本翻来倒去地看了很多遍，加深了对小说内容的理解。待学生找到每种艺术手法的例子以后，谌老师立即启发学生思考它要达到的效果，如小说里"花白胡子"与"驼背五少爷"并不是主要人物，但几句对话，却分明可以看出前者善于溜须拍马、见风使舵的性格和后者愚昧呆滞、反应迟钝的特点，尤其是"驼背五少爷"最后一句"疯了"语带双关，妙趣横生。这样一点拨，学生对文本的理解就加深了一层。

（三）加强互动，享受课堂

长期担任高三年级语文教师的张新功老师说："课堂上要让自己开心起来，因为只有自己开心地去上课，课堂才会生动，学生们也才会乐于接受。"

49

张老师说，自己应该是改变了学生的"学语文是件很辛苦的事"这个看法，这点让他觉得很有成就感。他的课堂作业不多，但是教学效果不错。在他的课堂上，师生能够很好地互动，从而让语文教学活起来。在教语文知识的同时，他也会对学生进行思想、品德、人格上的教育。好的语文课，不但能让学生学到知识，还能让学生学到为人处事、摆脱困境的方法。很多学生在高中毕业进入大学之后，领悟到了高中语文课的益处。

张新功老师是 2000 年从广州师范学院毕业后进入东涌中学任教的。他的教学成果非常丰硕，所教的三届高中毕业班的语文成绩均名列前茅。他所教的 2013 届学生的高考语文平均分达到 107.2 分，学生郭梦莹为南沙区的文科状元。他曾获"广州市高考语文突出贡献奖"和"区高考语文突出贡献奖"。

对于课堂教学，他的领悟就是："能让自己和学生充分享受课堂，这是我最大的满足。"

张老师说，在教育学生的过程中，自己也在成长，这就是教师这个职业的神圣之处。自己在与学生的沟通交流、和谐相处中有了更多感悟。教师要不断地提高自己的个人魅力，教师本身的人格魅力可以对学生产生一种吸引力，让学生从喜欢一个老师，到喜欢上一个学科。

二、课题研究：规范立项，成绩斐然

在教育界，人们对"科研兴校，科研强校"的理念早已达成共识，学校也越来越重视科研活动。教育科研能力已经成为 21 世纪教师必备的素质之一。教师只有提升科研水平，才能使教育教学迈上新的台阶。东涌中学专门成立了教研处，对课题的立项、研究过程、总结、成果、经费使用等都有规范的管理，目前在课题研究方面取得了一系列显著的成果。

（一）形成制度，规范管理

东涌中学原先是由教导处管理教研工作的，但是教导处既要管教学工作，又要管教学研究工作，这就会导致对教学研究的管理不够细致。学校从 2015 年开始成立了教研处，专门管理学校的科研工作，包括教师的培训、课题、论文以及有关教学发展的相关工作。

东涌中学专门制定了《东涌中学教科研管理办法》，对课题的立项、过程记录、阶段总结、结题成果、经费使用等都有明确的规定，推动了学校课题研究的常态化和规范化，激发了教师们参与教学科研活动的热情。学校年均有超百万的教科研经费用于开发教研项目，征订教研资料，开展教研和培训。

学校对课题研究的管理已经形成了规范。凡是有关省、市、区课题的通知，教研处都会把文件通过学校的校园网发给教师，让教师自行申报。教研处负责课题管理，要求教师在规定时间内提交申报资料，并进行审核，检查有没有不规范的地方，有要修改的，会及时反馈给教师，指导他们修改润色，直到通过审核再上交。当有关课题申报立项后，教研处就会通知相关教师，提醒他们按要求落实相关研究工作。学校对参与课题研究的教师有政策倾斜，如参与课题研究的教师在评优、评先进方面都会有优势。学校会为有优秀课题成果的教师提供展示机会。例如，在与兄弟学校开展交流活动的时候，学校就会让相关教师展示自己的课题研究成果，从而让教师更有成就感。

（二）立项众多，成绩斐然

近几年来，学校的课题研究成果比较多。2016 年学校有 6 个市级课题获得立项，全南沙区一共才 7 个，东涌中学就占了 6 个，这说明学校在课题研究上有很大的进步。

我校于 2015 年开始开展校本课题研究，有 22 个课题立项，原则上要求所有学科和各个年级都有代表。校本课题研究的广泛立项，提高了教师做课题研究的意识，也形成了课题研究的规范。此外，课题研究也注重部门之间的合作，如德育线与教学相结合。在 2015 年的阳光评价课题中，学校有 3 个相关课题立项。

　　学校有 90％的教师参与了课题研究，涉及 15 个学科。最近三年，有 8 个省级课题成功立项。例如，霍锐泉老师的《基于"研学后教"下的试卷讲评课研究》于 2014 年成功结题，在省级课题成果评比中获得一等奖。近年来，学校教师在省级以上刊物发表论文或者教研文章 28 篇，另外有多篇论文获得省级以上的奖励。

2016—2018 年东涌中学区级以上课题汇总表

序号	负责人	立项或结题时间	课题名称及课题编号	发证单位	研究情况
1	冯绮玲	2016.5	2016 年高考全国卷新形势下历史备考策略研究，课题编号：GDTSZX022	广东教育学会学校特色研究专业委员会	在研
2	吴锐波	2016.5	初中数学实验设计研究，课题编号：GDTSZX020	广东教育学会学校特色研究专业委员会	在研
3	熊翠梅	2016.5	利用 App Inventor 促进信息技术课堂程序教学研究，课题编号：GDTSZX018	广东教育学会学校特色研究专业委员会	在研
4	史海丹	2016.5	高考视野下历史课堂的有效提问研究，课题编号：GDTSZX017	广东教育学会学校特色研究专业委员会	在研
5	李艳红	2016.5	农村英语展示性多元评价策略研究，课题编号：GDTSZX019	广东教育学会学校特色研究专业委员会	在研
6	李艳红	2016.10	初中英语深度学习之单元阅读——写作教学研究与实施，课题编号：NSKY2016017	南沙区教育局	在研

续表

序号	负责人	立项或结题时间	课题名称及课题编号	发证单位	研究情况
7	梁敏聪	2016.10	中下层高一学生立体几何学习障碍及有效策略的实践研究，课题编号：NSKY2016015	南沙区教育局	在研
8	吴倩红	2016.10	基于"深度学习"理念的初中英语口语校本课程成果的开发与研究，课题编号：NSKY2016027	南沙区教育局	在研
9	陈栩彬	2016.10	初中数学微课教学实践研究，课题编号：NSKY2016016	南沙区教育局	在研
10	李苑珍	2016.11	积极心理学理论在班级管理中的应用研究，课题编号：14B83	广州市教育局思想政治教育处、广州市中小学德育研究与指导中心	已结题
11	黄志远	2017.1	基于沙田水乡文化的水乡新韵特色课程开发与实践研究（教育部课题无编号）	教育部课程中心	在研
12	陈玲玲	2017.3	中学生创新能力培养现状与培养研究——以广州市南沙东涌中学为例，课题编号：Gzxy-zx-b15	广州市心理健康教育指导培训中心	在研
13	任爱华	2017.3	高中生学业情绪管理的行动研究，课题编号：Gzxy-zx-b14	广州市心理健康教育指导培训中心	在研
14	江文钎	2017.5	思维导图在高中数学教学上的有效应用研究，课题编号：2013040	南沙区教育发展中心	已结题

续表

序号	负责人	立项或结题时间	课题名称及课题编号	发证单位	研究情况
15	许杏开	2017.5	高中生物教学中培养学生的成功智力案例研究，课题编号：2013048	南沙区教育发展中心	已结题
16	梁伟芬	2017.5	构建高中阶段地理学科能力培养体系的研究，课题编号：2013045	南沙区教育发展中心	已结题
17	麦凤珊	2017.5	初中数学实验教学的开发与利用研究，课题编号：2013019	南沙区教育发展中心	已结题
18	罗小红、黎桂宁	2017.5	初中语文个性化作文教学策略的实验研究，课题编号：2013042	南沙区教育发展中心	已结题
19	萧敏贤	2017.5	高中语文生成性课堂教学策略研究，课题编号：2013044	南沙区教育发展中心	已结题
20	麦树荣	2017.5	高中物理实验教学课程资源开发的策略研究，课题编号：2013043	南沙区教育发展中心	已结题
21	何润泉	2017.5	新课程背景下农村中学生作文厌学情绪的研究，课题编号：2013041	南沙区教育发展中心	已结题
22	李桂宜	2017.5	农村家长学校课程开发与实施范式研究，课题编号：2013047	南沙区教育发展中心	已结题

续表

序号	负责人	立项或结题时间	课题名称及课程编号	发证单位	研究情况
23	陈俊宇	2017.5	微课应用对南沙区农村学校学生信息技术课程方式的影响研究，课题编号：2015zkt039	《中小学骨干教师专业发展研究》总课题组、广东第二师范学院计算机科学系	已结题
24	罗柳青	2017.6	社团化的综合实践活动策略研究，课题编号：2014zgsj041	广州市教育研究院综合实践活动学科、广州市中小学综合实践活动教学研究会	已结题
25	梁厚珍	2017.6	农村中学生语文厌学现象的实证研究，课题编号：1201564796	广州市教育局	在研
26	任　嵘	2017.6	东涌水乡文化资源在《文化生活》教学中的应用研究，课题编号：1201564796	广州市教育局	在研
27	麦凤珊	2017.6	初中数学微课教学的实践研究，课题编号：1201565101	广州市教育局	在研
28	江文钎	2017.6	农村高中小组合作教学模式构建的研究，课题编号：1201565098	广州市教育局	在研

续表

序号	负责人	立项或结题时间	课题名称及课题编号	发证单位	研究情况
29	何嘉驹	2017.6	基于问题驱动的高一数学校本课程的开发与实施——以东涌中学高一数学校本学案课程为例，课题编号：1201564713	广州市教育局	在研
30	蒋俊霞	2017.6	广州中学语文阅读教学课型的实证研究，课题编号：1201564761	广州市教育局	在研
31	王　敏	2017.9	开展国学经典诵读、传承中华优秀文化的研究，课题编号：NSKY2017034	南沙区教育局	在研
32	罗柳青	2017.9	基于特色学校的地理校本课程开发与研究——以东涌水乡沙田文化为例，课题编号：NSKY2017036	南沙区教育局	在研
33	李　莉	2017.9	窄式持续默读对初中生英语阅读素养影响的实证研究，课题编号：NSKY2019035	南沙区教育局	在研
34	吴坚毅	2017.12	绿色化学 STEM 教育校本课程的开发与研究，课题编号：GZJY2017-095	广州市教育研究院	在研
35	张玉梅	2018.5	基于史料研习的高中历史校本课程的开发与应用，课题编号：NSKY2018007	南沙区教育局	在研
36	喻振南	2018.5	新课改背景下的合作教研研究——以校本和区域合作教研为例，课题编号：ZCYJ18128	广州市教育局	在研

续表

序号	负责人	立项或结题时间	课题名称及课题编号	发证单位	研究情况
37	李后鹏	2018.5	基于学生综合素质评价的校园之星评选实践研究，课题编号：ZCYJ18129	广州市教育局	在研
38	曾宪斌	2018.5	基于合作学习的学生关键能力培养策略研究，课题编号：ZCYJ18130	广州市教育局	在研

(三)加强指导，保证质量

课题研究是教研项目中一个庞大的工程，对课题负责人本身的教学能力、管理协调能力、责任心要求比较高。

每个课题在成功立项后，课题研究者都需要完成足够的研究成果才能顺利结题。结题报告以及相对应的研究成果，如课件、教学设计、学生的实践成果等缺一不可，缺少其中任何一项都不能够顺利结题。

有些课题在立项之后，会因为各种原因无法结题，如申报者能力欠缺，或者申报者教学任务繁重，时间不够，成果不够，论文数量不足，等等，这些问题都需要教研处在立项审核上严格把关，争取每个立项的课题都能够顺利结题。

1. 立足实际，选好课题

课题研究者在选题时要从实际出发，选择在工作中出现的问题，把问题变成课题，把科研落到问题解决方法的探索上，最后总结经验，找出解决问题的方案与方法，形成研究成果。这样的课题研究才是有效的、成功的。

教研处的喻振南老师对课题的选题、落实、结题给予了细致的指导。

问题变课题，做校本研究

提到课题研究，很多教师感到无从下手。即使课题申报成功，立项了，最后也多是搭个空架子，或者东拼西凑，结果不了了之。大的研究课题固然好，但对于绝大多数普通教师来说，那是力所不能及的。选题不能一味求大、求新、求异，什么样的研究是有效的，这个问题应该引起我们深思。我认为，对于在教学第一线的绝大多数教师来说，能够及时解决工作中出现的问题就是一个进步。因此，一线教师应当立足校本实际，从问题出发，发现问题，研究问题，解决问题，认认真真、踏踏实实做些研究。一言以蔽之，"把问题变课题"，从做校本微课题开始做课题就是做最接地气的研究。

第一，问题变课题，要有发现问题的习惯。教师如何去选题、立项呢？教师首先要善于观察，"观察是智慧最主要的能源"。问题来自课堂上，来自学生中，来自辅导时，来自活动中，来自评价时，来自墙壁上……教师不但要对学生的学习活动进行观察，更要经常对自己的教育教学多提几个"为什么""怎么办"，这样才能发现问题。不能发现问题，何来反思？没有反思，又何来改进？教师应该在"发现—分析—解决—总结—实施"之后，再回到教育实践中去，在实践中获得宝贵经验，不断成长。

第二，分析即科研，要有解决问题的意识。新课程的实施不是一帆风顺的，实施过程中必然会出现许多问题，教师应该力求通过"发现问题—解决问题"的方式，以教学、教研及培训等活动为载体，带着问题设计教案，然后开展教学。这样，教师在行动研究过程中所形成的教学策略，才能促进教师专业素养的提升。因此，教师必须具备解决问题的意识。教师最好每学年确定一个主题，力争解决每一个问题。

第三，结论变成果，要有总结经验的水平。认识过程（实践—认识—再实践—再认识）是一个波浪式前行、螺旋式上升的过程，总结经验则是这个过程中的重要环节，也是教师提高水平和能力的一个重要环节。分析总结是为了更好地发展。研究型教师要广泛搜集并掌握与教学和课题相关的一切情况，如在解决某一问题的过程中遇到了什么新问题，获得了哪些经验等，先分析，后综合，在分析过程中综合。我校为教师提供了科组集体备课、备课组集体备课、年级交流、"请进来"与"走出去"等诸多平台，供教师们分享、交流，使成果再回到课堂上去，促进了教科研的发展，使教科研真正落到实处。

第四，发展加创新，要有创新发展的能力。创新就是有新思想、新观点、新路子、新意图、新设计、新方法，创新更是一个实践的过程。课题研究并不神秘，只要我们留心、细心、用心、坚持，就会出成果。教育是有规律的，我们不能脱离实际，必须要在实事求是的基础上去创新，去发展。只要教师的教育教学理念、方式、策略有变化，有进步，有提高，那么我们的课题研究就一定会取得丰硕成果。（喻振南）

2. 领军教研，博学善教

喻振南老师是东涌中学课题研究的领军人，他多年执教高三政治。在担任政治科组组长期间，他带领本科组全体教师认真研究中学政治教材、教法，积极探讨政治教学新模式。他主持的"中学政治学科漫画教学资源的利用与开发研究"课题研究成果获区二等奖；他的课题研究论文和其他研究成果在市、区影响较大，得到了市、区教研室的充分肯定；他创设的中学漫画教学模式得以在全市示范推广；他所带的政治科组曾荣获"番禺区优秀科组"称号。

喻振南老师于 1999 年进入东涌中学，前后教了 14 年的高三政治课。他多年来一直致力于中学政治教育教学研究，教学与教研成绩突出。他觉得教研要脚踏实地，要能促进师生成长与学校发展。

喻老师的课堂教学很受学生的喜爱。学生们对他的评价是，他在课堂上是一个很严肃的老师，但不乏幽默风趣。喻老师说，讲政治理论的时候必须严肃，但是在阐释时所举的例子必须生动，能够吸引学生的注意力。学生们都亲切地称呼喻老师为南哥，他们说喻老师的课不像政治课，每节课都充满了笑声。喻老师说："我感到比较荣幸的是，学生们没有把我当成古板的、严肃的教师，而是把我当作一个能跟他们打成一片的兄长，我们之间没有隔阂。"

喻振南老师

喻老师说，课堂上要尽量避免说教，教政治不能只讲政治，这就要求教师一定要博学。如果教师的知识面很窄的话，就很难把政治课讲得生动，学生也会觉得枯燥无味。

3. 主持课题，卓有成效

罗柳青老师于 2009 年进入东涌中学，第二年开始就在麦老师的指导下参与课题研究。因为毕业于广州大学，入职后又读了广州大学的在职研究生，所以罗老师得到了广州大学教师们的很多支持，如可以获得课题研究的信息、技术上的支持，也可以第一时间获得相关的比赛消息等。

罗老师参与了不少课题研究，如市级的南沙区气象防灾减灾科技实践项目、水质检测课题和区级的东涌水乡特色地理校本课程等，这些课题研究都由她担任主持人。

对于南沙区气象防灾减灾科技实践这个项目，罗老师说，刚开始的时候觉得没有头绪，课题立项后，我们建立了相关的研究基地，学校还给了5.4万元的研究经费用于做项目。刚开始的时候，学生们因为学习很忙，觉得这些内容跟考试的关系不大，所以参与的积极性也不高。

后来罗老师访问了市内的几个气象站，在南沙的六涌半气象站见到了广州市气象局的欧善国主任，得知在每年的气象开放日学生们可以去气象站参观，而且气象局有很多科普活动可以进校园。

后来学校跟广州市气象局签订了合作协议，气象局来学校开展科技日，举办相关的气象知识讲座，还设置了游戏，让学生认识到气象的有趣之处。广州市气象局还举办了广州市气象知识竞赛，我校有好几个年级都参与了竞赛，不少学生都获了奖。学生们在参观气象站时，认识了我国先进的气象设备，他们还在气象站玩游戏、听讲座等，在这样的实践活动的推动下，学校的学习氛围变得更浓厚了，研究项目也出了更多的成果。"广州南沙常见的气象灾害与防御措施初探"就是罗老师主持的南沙区气象防灾减灾科技实践项目的研究成果。

罗柳青老师

三、课程建设：水乡新韵，润泽师生

结合东涌的地方特色，围绕"以人为本，求实发展"的办学理念，东涌中学初步形成了以"润泽教育"为主题的、具有岭南水乡特色的校本课程体系，汇集成"水乡新韵"特色课程。该课程在 2015 年广州市普通高中特色课程评比中以第一名的成绩获得立项。

（一）立足水乡，提炼特色

"水乡新韵"特色课程是根据东涌的地方特色提出来的。东涌镇这个地方是疍家文化，渔民在水上生活，在岸边住茅寮。水有着坚韧不拔、与世无争的精神，有着包容与不拘于形、因势而变的特点。因此，东涌人有着淳朴、坚忍、踏实的性格特点。学校综合考虑地域文化、水乡人民的民风，从水的无私奉献、广济天下，滋养浸润、渗透包容，团结凝聚、奔流激越，坚忍持久、灵动多变等诸多特质中挖掘并提炼出"淳朴、包容、合作、创新"的水乡文化精神，并以"水乡文化"作为东涌中学的校园文化。

东涌中学在水乡文化滋润涵养的办学历程里，以"润泽教育"为主题，围绕"水乡新韵"特色课程开展多种形式的教育活动，把水乡文化贯穿到教学中去，让学生认识水乡，了解水乡的文化和水乡人的精神特质，继承水乡人的优秀品质，传承水乡文化，在走出水乡后仍能获得发展的新天地。

"水乡新韵"特色课程是 2014 年提出来的，在 2015 年 3 月的特色课程评比中，以第一名获得立项。参与评审的教授认为，该课程有地方特色，可行性比较高。

这一课程的开设，能够磨砺学生的行为举止和内在修养，培养学生的家国情怀，帮助他们成长为身心和谐、情趣高雅、志向远大、具有良好人文情怀和广阔国际视野的现代公民。

(二)润泽教育，师生共长

东涌中学将水乡文化的特质与寓意诠释为"润泽"的教育之道，并确立了学校的办学特色——润泽教育。润泽教育包括润泽教师——自主发展，自我增值；润泽学生——快乐成长，成人成才；润泽校园——和风细雨，润物无声三个部分。

润泽教师——自主发展，自我增值，是指学校以"唤醒教师的生命意识，促进教师的自主发展，成就教师的自我实现"为核心理念，为教师提供自主发展、以教立业的平台。

润泽学生——快乐成长，成人成才，是指学校让学生通过认识自我，在学校的学习中获得多元化的发展，展现个性，发展成为对社会有用的人才。

润泽校园——和风细雨，润物无声，是指学校通过校园文化建设，使学生在耳濡目染和潜移默化中受到教育，并培养起良好的人文情怀。"水乡新韵"特色课程以"水乡文化"为纽带，润泽生命，哺育品行。课程分"人文篇·梦里水乡""艺术篇·渔歌唱晚""科学篇·扬帆起航"三个模块，旨在通过水乡文化的润泽，让每一个学生具备淳朴、包容、合作、创新的品格，成为身心和谐、情趣高雅、志向远大、具有良好人文情怀和广阔国际视野的现代公民。

"人文篇·梦里水乡"主要是让学生感受水乡文化的神韵，体味淳朴的人文情怀。这部分课程包括"沙田地貌换新颜""沧海桑田话东涌""吉祥围说永流传"和"吟咏新辞颂水乡"四个部分。"沙田地貌换新颜"引领学生领略沙田地区自然地理和人文地理的厚重；"沧海桑田话东涌"让学生探寻东涌的由来、历史遗迹和民风民俗，学习从水乡人的生活习惯、风俗人情中引申出来的地理、历史、经济学知识；"吉祥围说永流传"让学生了解关于吉祥围的民间传说，体味水乡人民追求幸福、吉祥生活的艰辛，领悟水乡人民在生产、生活中表现出来的顽强毅力和聪明才智；"吟咏新辞颂水乡"引导学生开展多种形式的文化活动，以歌颂、赞美和丰富水乡文化，形成以"热爱水乡"为主题的对联、诗歌和散文创作三大板块，来提高学生的文学修养，让学生深刻感受水乡文化的魅力。对这一部分课程的学习，可以增强师生对水乡文化的感知力与认同感，培养学生良好的人文情怀，通过让学生感受水乡人淳朴、勤勉和坚忍的意志品质，激发学生热爱家乡、建设家乡的使命感。

"艺术篇·渔歌唱晚"主要是让学生学习和传承水乡瑰宝，培养学生高雅的审美情趣。这部分课程围绕水乡人与生活、水乡人与艺术等方面来开展，分为"咸水歌新唱""水乡工艺""水乡书画"和"水乡魅影"四个部分。这部分课程通过介绍"咸水歌的起源""咸水歌的价值""咸水歌的传承""渔业类编织""农耕类编织"和"装饰品编织"来讴歌水乡人民对美好生活的追求与向往；通过组织以"水乡新韵"为主题的"书法创作""水墨画创作""诗配画创作""水乡新风摄影""海报设计"和"微电影创作"系列活动，对水乡文化加以传承，借助水乡文化节活动、三乐简报和榕树下文学报宣扬师生的作品，提高学生的动手能力和艺术修养，培养学生对家乡、对文化的强烈自豪感和责任感，丰富学生的兴趣爱好，激励莘莘学子胸怀大志，奋发向上。

"科学篇·扬帆起航"主要是提升学生的创新实践能力，开拓他们的视野。这部分课程包括"规划与成长""民风民俗传承实践活动""绿色水乡实践活动""发明创造"和"国际交流活动"五个部分。其中，"规划与成长"让学生学会做好自己的人生规划，立下远大志向，并付诸努力。"民风民俗传承实践活动"让学生有目标地进行实地考察，为水乡文化宣传出谋划策，提升学生的实践能力。"绿色水乡实践活动"组织师生围绕水乡生态、水乡环保等内容开展学习与实践活动，让生于斯、长于斯、将来成于斯的学生，正确认识人类发展与自然环境保护之间的关系，形成与水乡共生共荣的自觉性和保护、改造水乡生态的能力，达成培养新一代水乡人的目标。"发明创造"的目的是在学生中普及科学知识，培养学生的创新精神与创新能力。"国际交流活动"是指学校通过与国际热爱大自然促进会合作，开展大自然快乐操国际交流和国际礼仪教育，让学生具有开阔的视野和前瞻的眼光。这部分课程的学习主要是拓展学生的特长，挖掘学生的潜能，培养学生扎实的科学素养，弘扬水乡人民勤于实践、勇于探索和善于创新的文化精神。

　　这三个部分相互关联，层层递进，互为整体，是"水乡新韵"特色课程的三种境界，其中"人文篇·梦里水乡"是基础，"艺术篇·渔歌唱晚"是拓展，"科学篇·扬帆起航"是升华，三者共同孕育了"水乡新韵"特色课程体系。

第四章

雅润篇：
以教立业　成就自我

《太平御览》卷五四二引子《郭子》中有语赞东晋名士庾亮："庾风姿雅润。""雅润"意指雅致、温润，在东涌中学喻指温和而美好的教师在这里唤醒生命的意识，促进自主发展，实现自我价值。

　　东涌中学为教师提供了一个自主发展、自我增值的平台。教师们虽各自有自己的成长经历，有自己的追求与志向，但无一例外的是，他们在东涌中学这个大家庭里恪守职业道德，坚守信念，点燃心灵，绽放生命。

　　每一位教师在东涌中学都有属于自己的故事，他们各有所长，有自己的专业发展方向，正是他们的敬业精神和奉献精神，才成就了今日的东涌中学。

一、师德师风：以爱为源，春风化雨

现代教育家夏丏尊曾说过："教师不能没有爱，犹如池塘不能没有水。"教师的工作是塑造学生的灵魂，培养学生健全的人格，因此教师本身就应该做到"学为人师，德为世范"，成为追求知识、献身教育的模范，成为认真做人、做事、做学问的楷模。

师德始终排在教师专业素养的首位。东涌中学在对教师的培养中，也是把师德建设摆在最重要的位置。围绕"以人为本，求实发展"的办学理念，东涌中学把教风定为"细致，温润"，要求所有教师在教学过程中要做到温和细致，对学生要有爱心和耐心。

在制度上，学校制定了各类岗位职责和行为准则，规范了评估条件与内容，为检查、评比、督导、奖惩提供了有力的依据。学校每月都会开展师德学习活动，培养了一批受学生尊重和欢迎的教师，他们不仅是学识渊博的教师，而且是人品高尚的教师。

（一）"班主任节"，感恩师爱

班主任是班级管理工作的直接管理者和第一责任人，是搞好班级管理工作的关键和核心，同时班主任也是学生最信任、最依赖、最敬畏的人。班主任对学生的教育和影响是持久的、深远的，甚至有时会影响学生的一生。

班主任的工作非常重要，也非常艰巨。一个班几十个学生来自不同的家庭，有着不同的生活经历，受过不同的教育影响，他们的性格特点各异，心理品质千差万别，要将这些千差万别的个体都纳入学校的教育轨道，形成共同目标，是一项繁杂的工作。

正是因为班主任非常辛苦，东涌中学每年都会举办"班主任节"，让学生体会到班主任的辛勤付出与无私奉献，让教师体会到成就感与自豪感。

　　2017 年 2 月，学校举办了第二届"班主任节"，推出了 19 位"优秀班主任"。对于班主任的工作，他们都有着自己的感受与领悟，他们的风采闪耀着爱与幸福的光芒。

　　初一(4)班班主任郭柳娟老师：

　　我喜欢自己现在的这种状态，我觉得跟学生在一起是一件非常幸福的事情。

　　我要感谢我的学生，感谢那些喜欢我的和不喜欢我的学生，因为很多的经验都是从跟学生的接触中获取的。此外，我还想对那些我没教好的学生说声"抱歉"。

　　将来，你能成为一个善良、勤奋、乐观、懂得感恩、有责任心、宽容、懂得欣赏美的人，这是老师的心愿！

　　时光残酷而美好，愿你在她的雕刻下，越来越精致！

　　若相遇，我们都能微笑以待！

　　初二(7)班班主任陈洁璇老师：

　　教育一直是一个让教师和学生共同成长的过程。在这个过程中，可能很多人会觉得，班主任是在和学生斗智斗勇，但我却认为，这是教师"润物细无声"的过程，尤其是对班主任而言。在过去的一年半时间里，不管在教育的过程中遇到多大的困难和挑战，我都会坚持耐心地去和学生沟通，因为我坚信，每个学生都是独特的个体。作为班主任，我们应该愿意"蹲下来"当一个倾听者，而不是"昂起头"做一个命令者。我也坚信，只要用心，就会有收获！

　　初三(4)班班主任何梦圆老师：

　　有人说，班主任是世界上最小的主任；也有人说，班主任是学校里最苦的岗位。在担任班主任的过程中，我感触颇深，既有几分劳累，又有些许收获，我咀嚼过失败的苦涩，也品尝过成功的甘甜。在管理今年的毕业班时，我发现，教师的一言一行都影响着学生，教师对学生起着言传身教的作用，所以在配合学校工作的同时，我会更加严格要求自己。另外，孩子始终是孩子，我时刻告诉自己要允许他们犯错，相信他们会在错误中一步步成长起来！

高一(1)班班主任王敏老师：

虽然担任班主任已有16个年头了，但我丝毫不敢有所松懈，当父母充满希望地把孩子交到我这里时，我感到了沉甸甸的责任。我希望，我没有误人子弟；我希望，我的学生能健康成长；我希望，我的学生阳光开朗；我希望，我的学生热爱生活；我希望，我的学生都能实现自己的梦想；我希望……想让每个学生都能如我所愿也许是奢求，但我愿尽我所能，为他们的美好未来添砖加瓦。"路漫漫其修远兮，吾将上下而求索。"我希望自己能在教书育人的道路上越走越好，用坚实的脚步踏出一片美丽的天空！

高一(12)班班主任李苑珍老师：

教育就是引领学生修行的活动，其核心就是教会学生做人。教师要把学生培养成身体健康、坚韧不拔，既富有浪漫情怀，又不乏理性精神，既执着刚毅，又富有温情诗意的人。

高二(1)班班主任李剑老师：

光阴易逝，韶华有时，愿你们能在花季、雨季中遇见最美的自己。在青春飞扬的日子里，尽管有笑也有泪，但请你们谨记：学会乐观，学会自信，学会爱。乐观能使你向上，自信可为你呐喊，爱能伴你走得更远。诚然，在未知的旅途中跋涉，难免会遇到坎坷，遇到险阻，你可能会迷茫，会慌张，但只要你肯脚踏实地，定能稳步前行，只要你懂得仰望星空，定可辨明方向！谁的青春不迷茫！我愿伴你左右，一起成长。

高二(2)班班主任和树同老师：

人最微妙的一个本领就是善于爱。爱能打开人身上最隐秘的源泉。作为班主任，我们的一言一行、一举一动都会扎根于学生的心里。爱是搭建师生心灵之桥的基石。在建立良好班风的过程中，班主任是主导，学生是主体。教师必须注意发挥学生的主体作用，使他们认识到每个人都是班级的主人。学生有了这种责任感，就会产生极强的内驱力，激发一种自我完善的欲望，由"他律"逐渐变为"自律"，从而形成良好的班风班貌。

高三(11)班班主任谭少玲老师：

作为班主任，我一直坚持三点：尊重、关爱、责任。

尊重学生，理解他们的要求和想法，理解他们的幼稚和天真，信任他们的潜在能力，放手让他们在实践中锻炼。

关爱学生，用爱去感染学生。课堂上，关注每个学生的课堂表现，适当给予鼓励。课余时间通过谈话、留言的形式与学生进行沟通。

爱是需要责任的，爱学生要深入地爱，要理智地爱，对学生不娇惯、不溺爱，对学生的缺点错误不纵容、不姑息、不放任。

第二届"班主任节"

(二)严师有道，爱生有方

班主任对学生的爱体现在日常的生活细节上，体现在对每一个学生的细致观察中，班主任要做一个"爱生有方"的有心人。陈雪丽老师就是这样一个有爱心、有耐心的老师，她在跟学生的相处中留下了感人的故事。

2010年，在陈老师接管某个班的时候，有位老师告诉她，这个班上有个叫小杰(化名)的学生，行为很叛逆，可能会跟老师产生大矛盾。

陈老师听了，默默地把小杰的名字记在了心里。

她在接管这个班后，首先就在班上公开地说："对于你们过去所有的行为，以及老师们是如何评价的，我都有听说，但这些不是我跟你们一起经历的，我不在乎。我要重新评价你们每一个人。过去的事情我有听说，但我不会记在心上，我只会记得与我相识后你们的表现。"

她特别留意了小杰的举动，发现他的自我约束能力确实比较低，他控制不了自己的行为，坐不了很长时间，有时候科任老师批评他，他就会顶撞，所以他跟很多位科任教师的关系都比较僵。

在小杰读初三上学期的时候，他的家庭出了变故，他的爸爸因突发心肌梗死去世了。他爸爸去世后，他回学校上的第一节课是陈老师的作文课。小杰在作文里写了他爸爸最后一天早上给他买早餐的细节，他爸爸跟他说了最后一句话："你要听话。"

陈老师看了小杰的作文后很感动，在班上读例文的时候，特意选读了小杰作文中的这个细节。小杰哭了。事后陈老师找他聊天，安慰他："我知道你的心情，爸爸就这样突然地走了，你会很难过。不过你真的要记住爸爸的最后一句话，要听话，要学会控制自己的情绪，这样才能不辜负爸爸的期望。"小杰哭得很伤心，此后行为上真的改变了很多。

陈老师也跟各科任教师打了招呼，说这段时间先不要对他有太多要求，让他慢慢平复心情。经历了这个事情后，小杰跟其他教师的关系也缓和了很多。

陈老师说，自己平时是个严格的老师，学生都有点怕自己。因为在教他们的时候，自己会对他们要求很严格，他们也不敢跟自己太亲近。但是一般学生都能体谅自己的苦心，知道自己的严格是为了他们好。有些学生上了高中后，见到她都会很亲切地叫她雪丽姐。

陈老师说，教师的用心付出，学生们是能够感受到的。例如，要求学生不要让头发盖住眼睛，因为那样显得不够精神，也会影响视角，学生们都能够明白，也非常配合。又如，不允许学生使用手机，虽然这个规定让他们很难受，但是他们也能明白这是为了能让他们更好地成长。

其实所有德育工作的出发点都是为了学生好，学生是能够感受到教师的爱的。曾经就有学生跟陈老师说过，虽然她有时候会骂他们，但他们知道她是真的关心大家。

对于行为有偏差的学生，陈老师会特意给予更多的关爱。在她的记忆里，印象最深的莫过于学生小怡（化名）的故事了。

黑夜彩虹
——我与特殊学生的教育故事

"人的一生中有很多个黑夜，虽然黑夜是可怕的、寂寞的，但不应是绝望的。你要相信，黑夜里也会出现彩虹。人生不可以放弃希望，更不可以放弃自己，要相信，在苦难中坚持，就一定会有奇迹出现。"——这是保存在我手机里的一条短信，是我发给我的学生小怡的众多短信中的一条。这条短信既是对小怡的一次鼓励，也是对当时苦恼万分的我的一次精神助威。

我做过多年的班主任，带过几届初中毕业班，每年都会遇到两三个品行有些偏差的学生，他们常会做些让我头痛的事。相对于那样的学生，小怡实在是太乖巧了，但偏偏就是这个乖巧的女生却给我带来了从教以来最大的烦恼，因为这个乖巧的女生患有抑郁症。她很爱上学，但又害怕上学，因为她总觉得自己很差，对自己的期望与现实的落差让她充满了焦虑，这让她很痛苦，甚至有了自杀的念头。她是我从教以来遇到的最为特殊的学生了，她的心理状态不同于一般的学生，她是那样地脆弱，老师和她讲话都要小心翼翼的，因为不知道什么时候的一句什么样的话就可能会成为压倒她的一根稻草。我把以前解决"问题"学生的方法用在她身上基本都不见效，我必须重新学习，重新探索。我与她共同经历了一个不算漫长但却沉重的黑夜，幸运的是我们都坚持了下来，真的见到了奇迹——黑夜彩虹。

阴霾弥漫

刚接手这个班时没怎么注意到小怡，她总是安安静静地坐在角落里，成绩一般，作业按时完成，完完全全就是一个典型的乖乖女。只是她常低着头，让头发半遮着脸的表现让我觉得她太内向了。我找过她聊天，鼓励她要开朗、活泼、自信，她总是低着头点点头。

初三一下子加重的学习压力让所有的学生都觉得吃不消，学生们尝到了毕业班的紧张与忙碌。经过一个月的磨合，学生们基本都适应了新的学习节奏，唯独小怡成了个例外。

过完国庆长假回来后，全班只有她没有完成作业，我给她的家长打电话了解情况，她家长说，放假这几天她哪也没有去，就是在家写作业。我又问小怡这是怎么一回事，问了十来分钟她才低声说，有些作业记错了。我接受了她的解释，毕竟她在我心中是个懂事的孩子。教育了她一下，让她补做完作业，这件事就算过去了。没想到这只是一个开始，从这以后每次周末返校她总有些作业没有完成。每次我批评教育她时她都低着头。我尽快联系了她的家长。她的家长虽然文化程度不高，但却十分配合，不断地叮嘱她要好好学习。学校、家庭的教育虽然一致，但我却看不到合力的作用，小怡的情况不见好转，她的头越来越低，头发越来越长，一低头基本整张脸都被头发遮住了，而且她的身体也变差了，每个星期总有一两天要请病假，病因都是腰痛，她的家长带她看了不少医生，却始终不知道是怎么一回事。

我觉察到，小怡的改变不是因为她的学习态度变差了，而是因为学习的压力让她吃不消了，因此对学习过程与学习结果产生了焦虑，她无法自我调节，心理出现了问题。我立刻改变了对她的教育方式，我不再批评她，而是以正面的鼓励为主，帮她确立目标与自信。但一次次的测验分数让她根本找不到自信，她开始觉得自己一无是处。小怡的心中出现了阴霾，她的世界渐渐只剩下灰蒙蒙一片。

在上12月份的最后一天课时我对学生说："我们要踏入新的一年了，大家就趁着新的一年来临之际和过去的不好都说声再见吧。过去的就全过去了，新的一年应该有新的开始，明年再见时希望大家有新气象。"我一边说一边特意望向小怡，我希望从她的眼神中看到希望，但我什么也没有看到。

黑暗降临

元旦假期后回到学校，看着学生真的好像有些新气象，我的心里暗暗高兴，但看到小怡的座位上空空的，我的心里顿时有种不好的感觉。我立刻打电话去她家，电话没人接，我再打她家长手机，家长说在上班，不知道她有没有上学。我心里很慌：她究竟发生了什么事呢？会不会出了什么意外呢？她人究竟在哪呢？直觉告诉我她应该在家，我就不断地打她家的电话，但始终没人接。终于到了晚上她家长回家找到了她，原来她一直躲在家里，但就是没有接电话。她家长无论怎样问她，她都不肯出声，让她上学她也不肯。

家长想尽办法终于让她回到学校，我走过去问她是不是不想上学了，她突然"哇！"地大哭起来，哭得全身都在发抖。痛哭过后，小怡反而开口讲话了，她说她很怕走进课室，她说她在课室里坐着超过十分钟头和腰就会痛，在家坐一两个小时都没事。她说她上课时很努力地想听老师的话，但好像什么也听不到，她回到家想做作业，但什么也想不到。这时我很确定小怡的心理出现了比较严重的问题，我建议她家长带她去看心理医生，她家长口里应着，但一直都没有带她去，只是叫她上学，甚至硬拉着她回学校。家长这种表态度让我感到气愤，我同时做着两边的工作，一边让家长明白，小怡现在的情况不是学习态度的问题，而是心理出了问题，心理问题就像感冒发烧一样平常，不是精神病，只要带小怡去看心理医生就行；另一边我竭尽全力与小怡保持联系，因为小怡开始不肯上学了，每天就躲在家里，我给她打电话她也不接，只能通过学生带些字条给她，鼓励她勇敢面对。她偶尔会回学校，但就是不肯进入课室，她宁愿自己在办公室外面站着看书。

每次她愿意回学校时，我除了上课，其余全部时间都陪她聊天。我不断地开导她，让她知道自己现在只是心理上得了小感冒，只要她愿意配合，去看一下医生就没问题了。但她回学校的时间太少了，我可以和她当面谈话的时间就更少，她的情况一直不见好转。

那几个星期我相信对于她和我而言都是一个无助的时期，我知道她心理出现了问题，但她家长不愿意配合，和她聊天时她基本上也毫无反应。我对于心理方面的知识了解得不多，于是上网找了很多有关抑郁症的资料，也请教了学校的心理老师，然后通过手机短信给她以鼓励，并让学生带一些相关的案例给她看。我还向学生们讲明了小怡目前的特殊情况，让学生们尽可能多地去关心她。但她还是不肯回来，这也让我感到很难受，我觉得我已用尽了一切办法，但还是看不到她的改变。她和我都在煎熬着。

曙光 · 彩虹

小怡的情况越来越差，她家长说她甚至不肯与家人同桌吃饭了。从她家长口中得知，小怡与她的一个姑姑比较亲，我就要了她姑姑的电话号码，直接和她姑姑说了她的情况，也说了我的想法，她的姑姑在了解了情况后，也劝说小怡的家长带她去看心理医生。诊断结果是小怡得了抑郁症。在心理医生的开导和药物的作用下，小怡开始愿意尝试回校上课了。

我决定针对她的情况特殊对待她，首先让她选择自己喜欢的学习环境，她觉得坐在课室中学习是很痛苦的，她想自己坐在课室后的辅导室里，我就让她坐到辅导室里。然后她说，她想尽她所能去完成作业，不想被催促，我也答应了她。接着她开始了她的特殊学习方式。

每天我都会轻轻推开辅导室的门鼓励她几句，然后就关上门，让她在一个比较放松的状态下去学习。我每过几天就随意和她聊聊天，然后问问她的自我感觉，还找了很多案例给她看，帮她分析，给她鼓劲。小怡的情况在好转，我让她尝试坐到课室和其他学生一起上课，但她只是坐了一节课就又要回到她的辅导室里。她两三个星期中还是会有一两天突然就觉得很累不想上学。每当这个时候我就会有挫败感，但我不断地告诉自己：不能在她面前表现出不耐烦，不能让她觉得自己在老师眼中是不好的，不能把她刚萌芽的一点点对我的亲近感扼杀了。

　　心理医生、药物、她的意志，还有我的努力慢慢地起了作用，五月过后，她可以越来越多地坐到课室上课，甚至在假期中自己也会要求回来上自习了，虽然依旧是在她的那个辅导室里，但这些都是可喜的。

　　终于，中考结束了。她留在课室里清洁到最后，对着那些帮她搬东西的同学笑了。临走前她来向我告别，看到她眼中闪烁的光芒，我发出了会心的微笑，感觉一直压在心头的石头终于可以放下了。

　　中考成绩出来后，小怡考上了卫校，她说她要做一名护士，为病人服务。

　　回首初三这一年，小怡让我的初三变得与以往不同，我从她身上学到了很多。我深深地体会到，教育过程中需要倾注的爱心原来这么多，以往我从未想过自己可以对一个学生花费这么多的心思。教育是要坚持的，即使困难重重；教育确实是教无定法的，特殊的学生就要特殊对待。我相信这一次的经历对于我和小怡而言都是人生的财富，它让我们共同成长，让我明白只要坚持奇迹就会发生。一时有感，我便回了文章开头的短信给她，既是对过去的总结，更是对将来的期盼。坚持就会有奇迹，坚持就会看到黑夜彩虹！（陈雪丽）

陈雪丽老师

(三)订立契约，互勉互励

2014 年才进东涌中学的青年教师杨燕说，因为跟学生的年龄比较接近，教的又是学生们喜欢的体育课，所以能跟学生们玩到一起。

杨燕老师说，自己跟学生相处的过程更像是朋友之间相互约束、相互勉励、共同成长的过程。例如，在教初三的体育课时，杨老师从学期一开始就跟学生们定下协议，保证不跟学生乱发脾气，并请学生们监督。但是，也请学生们遵守课堂纪律，完成学习任务。有一次上课的时候，她因为心里焦急，说话的方式有点过激了，学生们就提醒她违反了当初定的协议。她马上意识到自己的问题，很真诚地跟大家说："是老师没有控制好情绪，违反了协议，在这里跟大家道歉。"学生们都乐了，然后大家气氛融洽地继续上课。

在教过的学生当中，杨老师说印象最深的是一个叫小勇(化名)的初二男生。因为他个子比较小，性格比较内向，班上的同学都排挤他。杨老师注意到了，就跟同学们打听他的情况。在组建学校啦啦队时，杨老师动员小勇加入了啦啦队，希望能够多了解他。后来接触多了，杨老师知道了他的一些情况，听说他跟姥姥一起生活，非常想念自己的爸爸妈妈。杨老师经常抽时间跟他聊天，慢慢开导他，有时候也会送他一些小礼物。

慢慢地，小勇变得开朗了很多。在 2017 年的教师节时，他特意买了一个自拍杆送给杨老师，并跟杨老师说希望她越来越美。现在有时候上课时他还会提醒杨老师说："你的头发乱了。"杨老师说："这些小小的关心让我觉得特别美好。"

(四)亦师亦友，情深义重

古语有云："夫爱人者，人亦爱之。"教师对学生的爱，同样也会换来学生情深义重的爱。罗柳青老师与学生黎芷君之间的情谊是最好的例证。

　　黎芷君是东涌中学 2013 届的学生，罗柳青老师从高一开始就是她所在班的班主任。见面的第一天，黎芷君就向罗老师递上了一份厚厚的资料，自荐当班长。可是，芷君的成绩算不上很好，班上的同学对她当好班长存在质疑。

　　不过她大胆自荐的这份勇气给罗老师留下了很好的印象。罗老师觉得芷君很有毅力，懂得坚持，对她一直都给予正面的肯定与鼓励，也通过跟班委会成员商议，给了她当班长展现自我的机会。

　　芷君同学的母亲就在学校附近的市场里工作，但是她跟母亲的观念有很多不同的地方，两人平时矛盾比较多，难以沟通。罗老师通过跟芷君聊天，跟她说自己的想法，并把自己的一些人生经历跟她分享，让她体谅到母亲养育的辛苦，体会到母亲对她的爱。渐渐地，芷君对母亲不再那么抗拒，也尝试着去理解母亲的想法，后来母女的关系大大改善了。

　　后来，芷君考上了本科院校。在罗老师结婚的时候她还特意送来礼物。她写给罗老师的信中洋溢着深厚的师生情谊：

　　无意中看完您的所有相册和日记，真的又要感动地哭了。已经有一年没有联系了，可是我知道我很爱您。每个老师爱人教人的方式都不一样，不可能被所有学生理解，但我真的深切感受到您的良苦用心、善良和真诚。

　　记得去学校报到时的我，是那样地无精打采，您用温柔的言语对我说了一句：一切都会过去的。当时我就想，班主任真好啊，又漂亮又温柔。在我们演话剧时，因为您年轻，经验尚浅，我们就会欺负您。语文老师说：你们这帮坏蛋把柳青弄哭了。还记得我们班超级搞笑的话剧吗？那是用您的泪水换来的，其实那时候您真的很用心，很努力，我都看在眼里。记得每次快到考试时，您就在办公室利用中午或傍晚的休息时间辅导我们。试问：有多少个老师能做到这样？记得您在我的日记本里写了足足一页的评论，那大片的红色评论足以让我一生难忘，那本日记本我现在依旧珍藏着。我记得您对我说过的每一句话：世事岂能尽如人意，但求无愧于心，做什么事都要用心，用微笑面对困难，用泪水迎接胜利……

我永远不会忘记您对我说过的话，因为我知道那是最真诚的教导。您让我懂得只有懦弱的人才会害怕，勇敢的人都会勇往直前。高三的时候，您继续教我们了，我当时真的很开心，虽然大家都认为您的经验不足，但我觉得您是最努力、最用心的老师。虽然我很少跟您讲话，可是您对我还是那么亲切。您结婚时还送给我一个小小的红钱包，过年时还送给我一个小红包，有了孩子时还牵着我的手说："芷君，我有了。"三年来，真的感激您这样真诚善良的老师出现在我的学习生涯中！看完您的日记后，我知道您很善良，也是个很重感情的人。看见您的主持照、婚纱照，还有您的小天使，真心为您高兴。老师现在一定很幸福吧！不管怎样，希望您过得很好！

——爱您的芷君

（五）打开心窗，爱的激励

江文轩老师教高三数学，学生上他的数学课时经常能听到他的教导："做人要有点血性，你要记住你来东中是为了什么，不是为父母学习，不是为老师学习，是为了自己将来的前途，为了高考而战斗。"

在学生的眼中，江文轩老师总是面带微笑，精神饱满，容光焕发地出现在他们面前，这让他们感受到满满的期待与力量。

高三（4）班简洁仪同学记录下了她与江老师之间的温暖小故事：

"我数学又考砸了。穿着红格子衬衣和牛仔裤的他匆忙走进课室，扶了扶鼻梁上滑落的眼镜，气氛很凝重，我以为他会开口责备，不料他说了一句让我记忆犹新的话：'只要你一天是我的学生，我就不会放弃你！这次考试不是高考，暴露了自己的问题是好事。'是他让我们的班级有了生机，有了奋斗的动力。他总是说得很少，但做得很好，总爱揪住我们的小毛病不放。在学生面前他总是充满活力，浑身散发着正能量。当太阳已不见踪影的时候，他才缓缓拿开眼镜，用手轻轻按着低垂的眼皮，在他的太阳穴旁，我们能看到一道清晰的眼镜的印痕……他总是把他的学生放在第一位，他就是如我们的父亲般的数学老师——江文钎。"

江文钎老师

二、专业素质：潜心治教，精益求精

教师在东涌中学的自主发展主要体现在他们专业素质的不断提升上。一般来讲，教师的专业素质主要由四部分构成：专业精神、专业知识、专业能力和专业实践。

黄志远校长在谈到学校教学质量的提升时，特别强调了对教师专业素质的培养，主要从三个方面着手：一是提升教师们备课、上课的水平；二是为教师提供更多走出去学习的机会，让他们进行自我提升；三是帮助教师消除职业倦怠情绪。

东涌中学注重引进大批名校毕业、专业能力强的优秀教师。在日常管理上，学校通过一系列的制度和规范，提高教师的工作积极性，形成敬业乐业、勤奋进取、开拓创新的良好风尚。为提升教师的专业素养，学校成立了教研处，建立了制度，保证了学校教科研活动的有序开展，指导教师开展课题研究，不仅促进了教师专业水平的提高，还促进了教师教学能力、组织和管理能力以及科研能力的提高。

(一)勤研善教，创新思路

东涌中学有很多受学生欢迎的教师，他们不仅对学生充满爱心，更是认真做人、做事、做学问的楷模。他们辛勤施教，总结结验，不断探索新的教学思路与方法，提升自身的专业素质。

赵美华老师在进入东涌中学之前就已经有了丰富的教学经验，她在进入这个大家庭后执教高三语文，全身心投入教学中，不断学习交流，提升自我。在担任语文科组组长后，她带领全校的语文科组开展教研活动，促进了全体科组教师专业水平的提高。

数学科的霍锐泉老师说，很多学生都喜欢数学，但有些学生会害怕数学。作为科任教师，我们就要在教学过程中想办法激发学生对学科的兴趣，使其注重数学知识的应用，把数学知识转化为实践能力。

1. 语文教学，交流进步

赵美华老师于 2000 年加入东涌中学这个大家庭，曾任高中语文科组组长。

因为赵老师有比较丰富的教学经验，所以在她进入东涌中学后，学校就安排她教高三语文课。那是东涌中学的第一届高三。虽然学生的起点比较低，但是学校还是对这届学生和教师寄予了厚望。

当时高三有四个班，学校让赵老师教两个班的语文。赵老师回忆说："那时候，作为第一批带毕业班的老师，我们都特别拼。学生们的自习课、电脑课、体育课都停了，很多科任教师都抢着去给学生上课，即使完全没有报酬，也都会加班加点地上。对于基础好一点的学生，我们都会在课后把他们留下来，加班对他们进行辅导。现在回过头来看看，当年老师们真的是非常投入。当时那些退了休回来当顾问的老师，也天天坐在办公室，写题出试卷，辅导学生，应该说是他们那种精神带动了我们。"

赵老师来东涌中学之后，从一名普通的语文教师成长为语文科组组长，带领东涌中学的语文科组一路成长，自己也得到了提升。

语文科组的教研活动开展得有声有色。语文科组至少每两个星期就会开设公开课，备课组的教师们先在组内交流，再上公开课，然后由科组内的教师点评。开课评会的时候，大家不是简单地聊天，而是真正地讨论交流。首先上课的教师提出自己的疑问，然后大家针对疑问给出一些建议。对于课堂教学中存在不足的地方，大家都会直接指出来，然后共同讨论如何解决。在这种机制的带动下，新来的教师也会成长得特别快。一般新教师进来一两年就能够迅速成熟，形成自己的课堂教学风格。

谈到担任语文科组组长时，赵老师说："其实我的教学水平并不比其他老师高，我作为组长，就是虚心地听取科组老师们的意见。组长不是什么领导，只是一个组织者，一个协调者。真要感谢我科组的老师们，我做了12年的组长，他们给了我很多支持，也让我得到了提升。无论是专业能力，还是为人处事的能力，我都得到了很大的提升。"

现在赵老师由于身体原因，不再担任语文科组组长。她说，回忆起来，还是很怀念那段充满激情的时光的。

2. 数学应用，能力培养

霍锐泉老师是东涌镇人，1990年到1993年在东涌中学读初中，2000年从广州大学毕业之后回到东涌中学任教，教初一数学。对于数学科的教学，霍老师说，作为数学老师，首先我们要激发学生对数学的兴趣，注重培养学生的应用意识，引导学生把数学知识转化为实践能力。

霍锐泉老师在《新课标下培养数学应用意识的感悟》一文中指出，以增强应用意识为重要目标的教学成为当前数学教育的一个重要趋势。引导学生运用所学知识解决实际问题，培养学生形成应用数学的意识和能力，是把数学教育落实到提高学生数学素养上来的重要措施。

　　传统的数学教育往往使大多数学生不知道如何将课堂上学到的数学知识应用到日常生活中。霍老师在数学教学中特别注重引导学生用数学知识来解决生活中的实际问题，帮助学生在不知不觉中形成应用数学的意识。例如，学生学完利息的计算公式"利息＝本金×利率×期数"之后，霍老师就引导学生把自己节省的钱存入银行，并且预算一定时间后得到的利息，鼓励学生到银行了解定期储蓄——半年期、一年期、二年期、三年期和五年期的利率，并提出问题："如果以 1000 元为本金分别参加这五种储蓄，那么到期所得利息各为多少?"这样既培养了学生的节约意识和理财意识，又培养了学生应用数学的意识。

　　霍老师在教学中坚持多从学生熟悉的背景知识和已有知识出发，选择与学生生活密切相关的情境和问题，让学生认识到现实生活中蕴含着大量的数学信息，且数学在现实世界中有着广泛的应用。学生只有真正意识到数学存在于现实生活之中，并被广泛应用于现实生活，才能切实体会到数学的应用价值，他们学习数学的积极性也才能被真正调动，兴趣才能被真正激发，在面对生活中的实际问题时，他们才能主动尝试从数学的角度，运用所学知识和方法，寻求解决问题的策略。

3. 英语写作，读练并重

　　曾宪斌是东涌中学高中部英语教师，于 2000 年进入东涌中学，几乎每天下午两点和晚修英语时段他都在辅导学生，有着丰富的高中英语教学经验。

　　曾宪斌老师在《新课程背景下的高中英语写作教学策略研究》一文中指出，在英语的教与学关系上，传统教学过分强调以教为中心，冷落、淡化、忽视了学，使学生丧失了学习的主观能动性，学生越学越不爱学，越学越不会学。

　　他围绕开发课本内容、指导写作教学及利用课外资源三个方面，在日常教学过程中渗透写作思路和写作方法，取得了较好的效果。

　　曾老师认为，现行中学英语教材中的很多文章都是自英文原著改编而来的，题材广泛，体裁多样，都可以作为写作练习的范例。在英语教学中，当学习到不同类型的课文时，教师就可以要求学生写一篇类似的短文，并对短文内容提出具体要求。有范文作为模板，学生有章可循，就可以在书面表达上取得立竿见影的进步。

在具体教授写作的过程中，曾老师指导学生以背诵课文中的重要句型为起点，学会对某些句子的重点部分进行改写，并造出新句，然后通过做句型转换练习，学会一句多种表达法，从而打好英语写作的基础。

曾老师还注重把英语写作教学与现实生活联系起来，激发学生的学习兴趣。例如，在教授人教版高中英语必修三 Module 3 Unit 1 "Festivals around the world"一课时，恰逢学生春节放假归来，学生还没有完全从节日的气氛中走出来，对节日的点点滴滴仍记忆犹新。教材中 "Warming up"部分要求学生讨论中西方众多节日中自己所熟悉节日的习俗特点。曾老师让学生重点讨论春节的庆祝活动，在学生讨论的过程中，他在黑板上写下学生们可能会用到的词汇和句型。下课前，他安排学生以"The Spring Festival in China"为题，写一篇短文来介绍我们国家的传统节日——春节，从而巩固了所学知识，锻炼了写作能力。

在培养学生良好的语言表达能力的基础上，曾老师鼓励学生广泛阅读，涉猎更多的知识和表达方式，从而使写作能力有个质的飞跃。

曾宪斌老师

(二)知识更新，注重交流

黄志远校长说，很多教师的知识结构还停留在大学时代所掌握的那样，但是知识都是在不断更新的，如果教师不注重学习提升，就有可能教给学生错误的学习方法。教师如果注重更新知识结构，多跟学生交流，在与学生交流的过程中发现问题，寻求问题的答案，自身的知识也能够更丰富。

历史科的刘将老师说，自己经常会在课堂上跟学生交流看法。对于一些历史事件，以前的历史评价会带有很多色彩，然而时代在变化，观念在更新，所以我们往往需要更全面、更客观地去分析事件的影响。

罗丽兰老师在物理教学中，通过总结日常生活中的物理学价值，寻找新的方法，激发学生的学习兴趣。

1. 历史课堂，注重交流

刘将老师于 1997 年进入东涌中学，是东涌中学第一个专业的历史学科教师。经过二十多年的教学，刘将老师对历史学科有自己深刻的领悟。

作为历史老师，刘将说，最初的教学更多是为了应试，为了学生的升学。随着时间的推移，现在的教学除了要让学生更好地掌握应考的知识，还要让他们认识到学习历史的重要性，如能够增长人生智慧。

刘将老师的课很受学生们欢迎，因为他不是死板地讲历史知识，不是让学生死记硬背，而是把历史知识和时政联系起来，用历史规律解释时政，告诉学生某一事件的发生不是偶然的，都有其历史渊源，引导学生评价历史事件时要公正、客观，充分发挥了历史的明理、鉴今、育人作用。

历史课堂中蕴含着丰富的思想教育内容。中国史的教学要着重突出爱国主义教育以及民族自尊心和民族自豪感的培养，世界史的教学主要注重对学生审美观、世界观的塑造和对社会发展规律的介绍。刘老师在教学中就特别注重这些方面的教育，他的《抗战时期的铿锵民族之音——纪念抗日战争胜利 60 周年》获得了区教育学会第 18 届年会送评论文的三等奖。

刘将老师

2. 物理教学，培养智慧

罗丽兰老师自 2000 年进入东涌中学以来一直教高中物理。物理学是一门实验科学，中学物理课程主要是为了培养学生的科学素养与动手能力，激发学生学习物理的兴趣。

罗老师指出："物理是一门科学，是一种文化，是一种智慧。"流行的网络用语"给力"就是物理文化的衍生。

罗老师说，学习物理是修炼智慧的过程。例如，学生在学习了平抛运动的匀变速曲线运动的特点之后，能够练成迂回的思维方式，那么在生活中遇到不能直接解决的问题时，他们就会懂得采用迂回的策略，从而获得解决矛盾方面的智慧。

在做物理练习时，要懂得选择适当的公式与定理，学会取舍，学会归纳，这就是一种生活智慧的修炼过程。

著名物理学家劳厄在谈教育时说："重要的不是获得知识，而是发展思维能力，教育无非是将一切已学过的东西都遗忘时所剩下来的东西。"意思是说教育的终极追求并不是知识本身，而是在学习知识的过程中所积淀下来的东西，即人的素质，而素质的核心又集中反映在人的思维方式和价值取向上，因此，物理教学的最终价值取向也是提高全体学生的素质，尤其是科学素养，为他们今后在面对大量的非物理问题时能够做出正确决策以及过上幸福、健康、高质量的生活打下基础。

(三)学习分享，提升素养

黄志远校长说，教师要走出学校去学习，因为去教育理念先进的学校学习，能够提高教师的学科素养，增长教师的见识，使教师感受到新鲜的校园文化，感受到名师的教学魅力。

这几年南沙区与教育部基础教育课程教材发展中心签署了"全国基础教育国际化示范实验区"协议，这为教师们提供了很多去全国的试验区学校进行学习交流的机会。

教师在每一次外出学习交流时都会收获满满，这些经历与收获都会转化为他们的专业素养。

江文钎外出学习心得

这次我很幸运，能够和几位同事一道外出学习。这次大连之行对我来说真是太难得了。我不但开阔了眼界，而且增长了见识，我感觉自己需要学习的东西实在太多了。总的来说，这次外出的收获蛮多的。下面我就从以下几个方面谈谈自己的感受和今后的努力方向。

一、学校文化的构建与积淀

这次去学习参观的学校都有一个特点，即学校的文化底蕴很深厚。我们一进校门就能感受到他们学校的学生身上所散发出的浓浓的学子气息，让人深深地感到这里就是学习的地方，是培育人才的地方，是能让学生实现大学梦想的地方。这是我这次外出学习印象最深的一点。

二、学习习惯的培养

通过这次学习，我发现我校学生的学习习惯和所参观学校学生的学习习惯有着很大的差别。

例如，上课习惯。在课堂上，所参观学校的学生都能认真听教师的讲解和同学的发言，课堂气氛很活跃，但却没有乱哄哄的感觉，而我们学校，就只是在刚入学那一周进行了行为习惯教育，平时上课时，教师总是把大部分时间都用在讲课上，忽视了对学生良好听课习惯的培养。实际上，如果课上有违纪现象发生，教师都应该提醒一下，甚至有必要花一两分钟的时间去纠正一下。在上课时，教师应注意培养学生良好的行为习惯。我想，只要能这样坚持下去，课堂纪律肯定会有所好转。

又如，学习的自觉性。所参观学校的学生中午都在课室里休息，没有教师看管，只有一名值日的班干部在讲台上看书，学生在整个休息过程中都很安静。睡不着的学生会自觉地在图书馆或者在楼梯转角的地方看书。这些情景令我感慨万千。想想我们学校的学生，上个自修课（还要有老师在）都很不自觉，更别提主动学习了。所以在学生一入学时，教师就应该对学生的学习习惯和生活习惯的养成教育紧抓不懈，让他们进入自觉的状态。

三、班干部的培养

通过借鉴其他学校的经验，我想我校可以从以下几方面来培养班干部。第一，安排稍多一些人担当班干部，原本让一个学生做的事，现在可以再选一两个学生来做。比如，早上带读时，教师就可以选两个学生来带读。另外，教师可以让学生轮流做学监，一天由一个学生负责或者一天由两个学生来负责，让所有学生都有管别人的权利，这样他们才能管好自己。第二，教师要学会"偷懒"，不要什么事都亲力亲为，要适当吩咐学生做一些事，这样不但可以培养学生的做事能力，而且可以减轻教师的负担。教师吩咐学生去做一些他们力所能及的事时，他们会很乐意去做，而且会觉得很自豪，他们会觉得老师这样做是因为信任他，喜欢他。这样的话，教师又何乐而不为呢？

总之，在这次外出学习中我的收获很多，由于自己表达能力有限，有很多东西我无法用言语表达出来，可心里还是很清楚的。对于今后的工作思路和教学方法我都有了明确的方向，特别是在教学方面以及班级管理方面，我已经发现了自己和别人的差距，对于今后该朝哪个方向努力，该怎样做，我已经有了初步的计划。

刘相均在北京市第八十中学挂职学习总结

2013 年 11 月 11 日—24 日，在南沙区教育局的组织、选派下，我有幸和南沙区的另外四名教师一起去了北京市第八十中学挂职学习。

北京市第八十中学（以下简称八十中）是在北京乃至全国都相当出名的学校，是北京市示范性普通高中、国家高中特色建设项目实验校、北京市高中特色建设项目实验校。八十中在体育特色、艺术教育、科技创新、国际教育等方面都取得了很突出的成绩，非常值得我们学习。八十中分两个校址，朝阳区白家庄校区是初中部和初中国际部，望京校区是高中部和高中国际部。

我们在八十中的挂职学习时间为两个星期。第一个星期我们在望京校区，参加的学习活动主要有：参观校园文化建设和各功能场室、中层干部培训、中层干部中期总结、学校教育管理座谈、学校国际教育管理座谈、新教师研修班分享教育智慧论坛、各年级期中考试成绩分析会、各年级家长会、综合实践课程座谈、科技教育座谈、学校文化和队伍建设座谈、学校民主管理座谈、"神十"航天员报告会、与田树林校长的座谈会、到各年级听课，等等。第二个星期我们在白家庄校区学习，参加的学习活动主要有：参观校园文化建设和各功能场室、学校管理理论和实践讲座、和肖洪普副校长座谈、初中部德育经验交流、初中部教学经验交流、教学基本功讲座、初中国际部教育经验交流、听课等。

两个星期的挂职学习，忙碌而充实，辛苦但收获丰厚。在此，我把令我深感震撼的几点与大家分享。

一、田树林校长的"让生命因教育而精彩"这一教育思想竟能如此深入人心并得以完美实现

田校长曾说："在我看来，教育不仅是职业、事业，更是生命前行的最好途径。当然，不仅是我自己，我相信教育应该是所有教师和学生生命发展的最好途径。让学校里的每一个生命因教育而精彩——这是我的教育信仰。"经过两个星期的学习了解，我清晰地感受到，田校长这一

教育信仰已内化成八十中全体教师的教育理想、教育目标和教育行为，也看到了八十中教师和学生生命的"精彩"。

教师生命的"精彩"。八十中的教师发展研究中心、新教师研修培养制度、"引发教师心灵智慧"研究课题、教育教学基本功大赛、教师咖啡吧、教育幸福感讲座、生存岛体验活动、教师培养的国外基地等，为教师的专业发展和身心发展提供了很好的机会和平台。目前，八十中拥有22名特级教师，一大批全国著名教师，一大批市、区级骨干教师、学科带头人、优秀教师等。由此可见其教师生命的"精彩"。

学生生命的"精彩"。八十中的教师将田校长的教育思想内化成了自己的教育理想和教育行为。学校的任何教育活动，如科技教育、社团活动、学生讲座、学生课余活动等，都始终围绕着"为了学生的发展"这一主线来设计和开展，教师们的观点是：什么活动有利于学生的发展就开展什么活动，怎样开展有利于学生发展就怎样开展。八十中涌现出一批非常优秀的学生，有众多考入北京大学、清华大学以及海外名校的学生，有很多获得世界顶级赛事奖项的学生，有在全国有名的学生，有在维也纳金色大厅表演的乐队，有将宇宙里某颗星星用其名字来命名的学生，等等。由此可见学生生命的"精彩"。

也正是教师和学生生命的精彩，让八十中大放异彩！

二、学校拥有丰厚的社会资源

八十中的学生可以走进世界500强的公司——拜耳公司进行社会实践，可以到大学实验室开展实验，可以去国外知名学校交流学习，能与"神十"航天员面对面交流，等等。这些社会资源对"让学生生命精彩"起到了不小的作用。这些做法都很值得我们借鉴，我们应该深入挖掘和利用身边的社会资源为我们的教育服务，为我们的学生服务。

三、完善、成熟的新教师培养机制

对于新进入八十中的教师，学校都会精心为他们挑选师傅，并规定师徒间必须开展活动。所有的新教师组成一个新教师研修班，由学校中层干部担任班主任，每个星期二开例会，每次会议都有一个主题，每次会议都会安排一个相关方面的骨干教师传授经验，并与新教师们研讨。这一套完善成熟的培养机制，能使新教师快速成长，为学校的发展提供源源不断的后备力量。

当然，除了新教师的培养外，八十中在骨干教师、名教师的培养方面也有独特、有效的操作方法，这也是一所学校必须高度重视和加大力度去落实的。

四、学校建设成了一批"高大上"的社团

八十中社团活动开展的模式和我们东涌中学的大同小异，但八十中却建成了更多高端、大气、上档次的社团，如获北京市艺术教育最高奖——"北京市金帆艺术团"称号并在维也纳金色大厅表演的学校管乐团，获"北京市金帆舞蹈团"称号的学校舞蹈团，获北京市科技教育最高奖——"北京市金鹏科技团"称号的科技社团，获"全国最佳社团一等奖""全国少年儿童校外教育优秀文学社团"等称号的晨光文学社，诺贝尔科学俱乐部，八十中 E 时空社等。这些社团活动的开展，为不同个性学生的发展提供了很好的机会和平台，培养了一批拔尖的人才，他们在各类比赛中为学校赢得了极大的荣誉，也为学校社团建设指明了方向——向"精品"发展。

五、成绩卓著的国际教育

国际教育是八十中的一大亮点。八十中坚持"铸造中华魂，培养国际人"的办学理念，通过融中外教育的精华，采用中外教材，构建先进的复合型课程体系，打造广阔的国际交流合作平台，将跨文化的国际理解教育与我国的优秀文化传承有机融合，为中外学生的个性发展、潜能发挥和创新能力培养提供了多样化和多向性选择，创建了八十中国际教育品牌，将八十中建设成为"研究型、示范性、国际化、现代化"的国内外知名学校。

高质量的国际办学特色和办学体系吸引了世界各地的学生，目前八十中国际部有来自 30 多个国家和地区的 500 多名学生。国际教育教学成果显著，历届留学生均以优异的高考成绩升入北京大学、清华大学、中国人民大学等国内著名高等学府。

八十中卓有成效的国际教育经过了漫长的发展历程。2002 年 9 月国际部刚成立时仅有 9 名外籍学生，并且其课程设置和教学等与中国学生的差别不大，比较容易操作，这也为我校提供了借鉴。目前，我们地处国际化程度日益增强的南沙国家新区，又处在南沙区教育局大力推行基础教育国际化的背景下，根据社会和学校的实际情况适时筹建国际部是完全可行的！

短暂的两个星期的挂职学习，让我大开眼界、受益良多。在今后漫长的工作中，我会结合实际，将所学的东西运用到实践中，力争使我的学生的生命因教育而精彩！

三、乐教东中：以校为家，敬业奉献

东涌中学提出了建设"幸福东中"的倡议，要把学校建设成教师乐教、学生乐学的幸福校园。

学校注重改善教师的物质生活，对生病、生育的教师，学校会在第一时间组织人员前去慰问，对经济条件差的教师，还会发动全校师生献爱心，给予他们物质上的帮助，让他们感受到东涌大家庭的温暖。

学校成立了书画社、摄影协会，给教师发放乒乓球、羽毛球、跳绳等各种健身器材，延长体育馆开放时间，开展各种趣味体育比赛，丰富了教师的业余文化生活，增强了教师的体质。

最为重要的是，学校为各位教师提供了良好的发展平台，让不同岗位上的教师都能体会到成就感，享受到自我价值实现的快乐与幸福。对于那些为学校赢得各种荣誉的教师，学校制定了详细的奖励条例，给予他们物质上与精神上的双重鼓励。

（一）多彩生活，幸福东中

2016 年 12 月 25 日，学校在百味堂举办了一场别开生面的"迎新年送祝福"教职工包饺子比赛。大家欢声笑语，各展才华，创作出一款款精致的艺术品。

东涌中学的教职工来自全国 12 个省、自治区和直辖市，广东省外的教师所占比例近 29%，有的甚至来自新疆、黑龙江。东涌中学中有不同地域文化、不同生活习惯的融合，有不同观点的碰撞，但大家聚到一起，就形成了一个和谐的大家庭。

学校为了丰富教职工的生活，平时会举办各种活动，如"青年教师大比武""师徒结对""教师趣味运动会""骑单车绿道游"等，让教师们充分享受"幸福东中"的生活。

教职工包饺子比赛

(二)三尺讲台，四季耕耘

"三尺讲台迎冬夏，一支粉笔写春秋"，这就是东涌中学教师的人生写照。东涌中学有不少已从教十多年甚至三十年的老教师，他们见证了东涌中学的历史发展，培育了一代又一代的东涌学子。三尺讲台见证了他们的奉献，东涌中学的发展归功于他们的默默耕耘。

1. 老东中人，默默奉献

李铨标老师于 1984 年从横沥中学调到了东涌中学，当时东涌中学只有初中部，梁赞亿任校长。李铨标老师回忆说："梁校长是一个工作很认真、很严格的校长，对教师和学生的要求都比较严。"

回忆起当时的东涌中学，李老师说："校舍太陈旧了，操场上经常会有积水。"还记得1987年，李老师住的宿舍都被水淹了，一直到1989年石排中学并入，校舍才慢慢得到改善，学校盖起了新的教学楼、实验楼。

当时东涌中学只有4个班，从小学升入初中的升学率只有50%～60%，有很多学生因为家里条件差，没法读书，有些学生读到一半就辍学了。受当时"读书无用论"的影响，有些孩子的家长因家里经济条件不好，就早早让孩子去打工赚钱了。不过，东涌中学的校风一直都不差，虽然在旧校的时候师资水平不高，但对学生的管理都挺好的，因为这里民风都比较淳朴，学生都比较听话。

李老师刚进东涌中学的时候，教师的学科结构很不合理，有很多学科的教师都不专业，如英语、音乐、体育、地理等学科根本没有专门的教师，都是由其他学科教师兼任的。李老师本身是教物理的，但是当时也要兼教初中的历史。那个时候不像现在网络那么发达，要找资料很难，备课的时候只能看教学参考书，教起来也比较吃力。物理实验室的条件简陋，实验器材比较缺乏，当时他只能让在香港的堂哥帮着买些初中物理的教辅资料寄过来作为参考，然后自己编题，出试卷，条件比较艰苦。

作为一名物理教师，李老师对学生的要求比较严格，但他跟学生相处得却很融洽。现代知识更新很快，有很多新的教学手段和教学方法需要学习，李老师这几年很用功地去学习多媒体技术，学习课件的制作。在教过的学生当中，李老师说令他印象最深的是他在1999年曾经指导过的学生黄永健，他参加了全国物理知识竞赛，获得了广东省赛区的三等奖。后来黄永健出国做了交流生，回国后跟他一直有联系。

李老师从2000年开始负责学校的德育工作，现任东涌中学德育处副主任。李老师说，德育工作很琐碎，必须要有实效性，德育工作要做好常规教育，让学生养成良好的日常行为习惯，对学生的督促检查要落实到位。在德育工作方面，谢宇灵副校长的管理很到位，自己跟着谢副校长也学到了很多。李铨标老师也因工作业绩突出，荣获了"教育先进工作者"荣誉称号，赢得了同行的一致认可和好评。

李铨标老师

2. 学教东中，见证发展

梁镜流老师原是东涌镇本地人，于 1991 年到 1993 年在东涌中学读初中，当时东涌中学还没有高中部。回忆起 1991 年的东涌中学，梁老师说，那时候的条件很艰苦，课室很破烂，用的桌椅都是从仲元中学淘汰的旧桌椅。他读初一、初二的时候课室都在一楼，一到下雨天，雨水就会淹到课室里。记得课室被淹的时候，学生就蹲在椅子上上课。当时学校的操场都是坑坑洼洼的，下雨会积水，长满了杂草，通常学生放完暑假回来，杂草都会长得比人还高。

那时候条件虽然艰苦，但教师们给大家上课时还是很用心的。只是在那个年代，很多家长都没有重视教育的意识，学生在学校里学到些什么，学得好不好，他们都不会太关心。那时候东涌中学的很多学生都是本地农村子弟，他们每天放学回家后还要干农活。与现在的学生不一样，他们那时候上学很开心，最怕的是放假，因为一放假就意味着要回家干农活。

2000 年，梁老师从广州大学毕业后，被分配到东涌中学任教。在这里，他已辛勤工作了将近 20 年。

梁镜流老师在东涌中学教初中生物。作为一名新教师，他面临着不小的压力，因为那时候学生的中段考试成绩、期末考试成绩都要在年级排名。在他刚来的第一个学期的第一次考试中，他教的班的成绩平均分偏低，教导主任专门找他谈话，分析他的教学方法中存在的问题，探讨需要改进的地方。他一下子觉得压力巨大。不过，这里有很好的学习交流的氛围，梁老师勤学好问，虚心向老教师学习，聆听了许多优秀教师的优质课，收获多多，进步很快。

梁老师从 2001 年开始担任班主任，连续当了八年。作为一名班主任，他关心学生的成长，注重学生的个性发展。他说，刚开始当班主任那两年，成绩平平，缺少好的办法。到了 2003 年，他开始对学生管理、学生成长有了自己的领悟，对班主任工作有了感觉，找到了突破口，开始重点培养班干部。作为一名教师，他严于律己，处处为学生做出表率，耐心教育、转化后进生。他乐观、豁达、幽默的个性影响着每一个学生。梁老师始终以平等、民主、真诚、宽容的态度对待学生，以平等的身份管理班级，他所带的班级班风正、学风浓，在学校组织的各项评比中均名列前茅。2004 年和 2006 年，他两次获得了"优秀班主任"称号，2007 年被评为"区先进教师"。

作为初中生物老师，在 2002 年和 2003 年的学校学科教学竞赛中，梁老师都拿了三等奖，这让他对教学有了很大的信心。不过，他说："光是课堂教学是远远不够的，我要让学生能够真正掌握生物知识，并且能够在实际生活中加以应用。"2000 年 11 月，他第一次带学生去参加广州市的生物知识竞赛。在带领的三名参赛学生中，一名学生获得了二等奖，一名学生获得了三等奖。此后，每年他都会带学生参加一些竞赛项目，成绩都不错。

此外，梁老师还带领生物科组开展课题研究，撰写研究论文。他组织学生成立了药用植物兴趣小组，在学校建立了药用生态园，编写了《植物文化之旅》《东涌中学药用生态园药用植物志》等教材。

梁老师于 2009 年开始担任学校的总务副主任，于 2016 年 9 月担任总务主任。梁老师说，做总务就是要有服务的心态、服务的态度，视野和思维都要开阔，要尽自己所能提升学校的硬件设施和软件设施水平，使之更好地为教学服务。

管理学校的总务责任重大，有很多突发事件需要处理，加班的时间比较多。一般的学校工程都是在节假日跟进，需要占用比较多的休息时间。对此，梁老师说："至于累不累，那都是心态问题，做好自己分内的事情，为学校的发展做点贡献，这也是作为东中人的一份责任。"

梁老师在东涌中学的这些年里，见证了学校的发展。他说，在 20 世纪 90 年代末之前，东涌中学的教学是落后的，以前的初中部成绩在番禺区都是倒数的。自从建了新校区，学校各方面都有了很大的改善。镇政府重视教育，引进了很多高素质的教师。从 1998 年到 2002 年，学校引进了很多名校毕业的教师，他们带来了很多先进的教学理念和教学方法，东涌中学的教学质量得到了很大的提升。

梁镜流老师

3. 信任为导，克服叛逆

霍锐泉老师也是东涌镇本地人，初中就读于东涌中学。他回忆说，当时的东涌中学在官坦村里，很小，教学楼、校舍都很残旧，操场都是石粉跑道。当时初一和初二各有 6 个班，初三有 5 个班。那时候的学生比较淳朴，相对来说比较听话。

霍锐泉老师毕业后回到东涌中学任教，那时候的东涌中学已经迁到了新校区，每个年级有 12～13 个班。他说，刚来学校的时候教初一数学，对第一届学生印象比较深刻，那时候的学生精神状态比较好。

霍老师在任教第一年就做了班主任。他说，当时有个学生叫小辉（化名），令人印象深刻，从小学进入初中时被列入黑名单。霍老师当时去向家长了解情况，家长说小辉在官坦小学就读的时候，老师说他偷杧果，事实上是其他同学摇树，杧果掉了下来，他去捡的。但是有老师看见他拿着杧果，就认为是他偷的。小辉觉得很委屈，争辩说自己没有偷。老师就说他撒谎，对他的印象就不大好。

霍老师当班主任后，特意找小辉聊天，了解清楚事件的原委后，发现他的人品不差，并表示相信他说的话。小辉也对霍老师产生了信任感，更加认真地学习，初中毕业后考上了职中，后来去参军，在 2008 年汶川大地震中参加救援，立下了二等功，回来后在东涌镇的楼管中心工作。

霍老师从 2006 年 9 月开始任初二年级的级长。他说他觉得那一年的学生最难教。有几个学生在初一进校时不算很差，但到了初二，可能是到了叛逆期，他们开始不遵守学校的纪律，想来就来，不想来就逃学。老师管教也没有用，他们跟老师的关系闹得很僵，还跟校外的社会青年有来往。

在学校和家长的共同努力下，霍老师做了大量细致入微的工作，这些学生被分散，不再聚在一起，过了青春叛逆期之后，慢慢地走上了人生正轨。

霍锐泉老师

4. 扎根东中，辛勤耕耘

赵美华老师毕业于湖南教育学院，原来在湖南益阳的重点中学南县一中任教。当时很多朋友在广州工作，她就抱着试试看的心态来广州寻找发展的机会。她于2000年来到东涌中学，在这里已任教近20年。

因为赵老师有比较丰富的教学经验，所以一进东涌中学就开始教第一届高三。她说："刚来的时候觉得压力非常大，原来教重点中学，这里是农村中学，学生的层次跟原来差别很大，我觉得很不适应。刚来的前两个星期，我对这里的一切都不熟悉。我们一家三口住在学生宿舍里，每天去食堂吃饭，感觉像浮萍一样，没有根。那两个星期觉得比几个月还漫长。当时有个朋友过来探望我的时候，看到条件这么艰苦，跟我说：'这样的条件，这样的地方，你居然都会愿意待？'"

赵老师说，熬了两个月之后，慢慢适应了，家也安顿好了，慢慢有了归属感。谈到学生，赵老师说，教了那么多年的高三，印象最深的是来这里之后教的第一届学生。那时候的学生基础差，但是学生和老师都很投入，很努力，所以考出来的成绩还是不错的。当时是标准分，学生当中最高分 635 分，能上重点线。那年全年级上大专线的学生有 30 个左右，还有不少是本科。赵老师说最值得自豪的是 2005 年那一届学生。那年她也是一个人教两个班，一个文科班，一个理科班。因为文科班和理科班的水平不一样，所以教起来特别辛苦。那一年的学生非常用功，也非常刻苦，所以考出来的成绩相当不错。当年的郭钰云语文考了 780 分，是学校有史以来的最高分。那一年赵老师所教的两个班有 30 多个学生的语文成绩都在 600 分以上，这让她觉得非常欣慰。①

赵美华老师

（三）安心乐教，大爱无言

他们，在自己的职业生涯中选择了东涌中学，东涌中学也给了他们书写人生华章的舞台。

在这里，他们勤研善教，孜孜不倦；呕心沥血，精心育人；安心乐教，无言关爱。

他们用自己的青春为东涌中学谱写了一曲华章，成为东涌中学的

---

① 当年广东省实行的是标准分制度，每科最高分是 900 分。

骄傲。

1. 领军科组，深化教研

王敏老师于 2009 年从大岗中学调到了东涌中学。王敏老师说，很喜欢东涌中学这个大家庭，因为在这里，领导能以身作则，整个学校从上到下的凝聚力都比较强，学生们也比较懂事，同事之间的关系很融洽。学校对学生的管理很到位，尊师重教，师生关系也很好。

王敏老师现在担任东涌中学的语文科组组长。近几年，语文科组获得了广州第三届、第四届"优秀科组"称号。科组的教师都是业务骨干，非常团结，非常优秀。整个语文科组的教师们平均年龄在 40 岁左右，他们年富力强，精力充沛，大部分教师都有 10 年以上的从教经历，经验非常丰富，对语文科教学都有自己独到的心得体会。

语文科组的教师除了注重对学生语文知识的传授外，还特别注重在课堂上对学生进行人文情怀、品德行为的教育，取得了很好的教学效果。学生从语文课堂上收获了很多。广州市名班主任工作室的李苑珍老师就是语文科组的成员，她通过语文课堂进行德育，效果良好。

2. 感受温暖，乐业奉献

陈雪丽老师，华南师范大学毕业，于 2002 年进入东涌中学，教初中语文。现为中学语文二级教师，连续多年被评为校优秀教师，现担任初一年级语文教学工作。

陈老师对 2002 年来东涌中学求职的经历印象最为深刻。陈老师来学校试讲的那一天，她坐车到了市桥，准备转车到东涌中学，刚好遇上那天南沙的公交车全部罢工，公交公司临时调车过来填补线路。她跟学校约的是四点到，但是她在市桥的公交车站一直等到四点半都没等到车。她非常着急，想着第一次来试讲就迟到这么久，会给领导留下不好的印象。她只好发信息给当时教导处的黄志远主任，跟他说明情况，说要迟一点才能到。黄主任回信息说："你慢慢来，我们会等你。"这才让她的心安定下来。

　　陈老师到达学校的时候已经是五点半，比约定的时间迟了一个半小时，但是黄主任和科组的老师都还在教导处等她，安排了试讲的资料。陈老师说，当时觉得非常感动，学校的领导对一个来试讲的老师都这么友好，可见学校的人情味很浓，所以她被录取后在学校一教就是十多年。

　　进入东涌中学之后，学校给了陈老师很多发展机会。第一年她教初一语文，用一年的时间适应了讲台。她从第二年开始带班循环，从初一到初三，直到后来开始接手毕业班的工作，2007 年之后她只教初三毕业班，2011 年开始做初中一年级的级长。她带了两届的循环，从初一教到初三，她熟悉了初中的知识架构，在负责毕业班工作时得到了很多锻炼。

　　在做级长时，当时的李彤校长对她的工作给予了很多细致的指导。做级长和做老师不一样，级长要调控整个年级，李彤校长在每一个关键时候都会提醒她该怎样去做。陈老师说："那时候李彤校长没有给我太大压力，没有要求我们一定要考到全镇第一，只是说每个科能完成任务就可以了。第一年担任级长时，李彤校长给了我很多精神上的支持。"

　　陈老师在教学工作中注意知识的更新和业务的进修，积极学习教育教学理论知识，认真钻研素质教育理论、课程标准和现代教学技术，坚持启发式教学和"以教师为主导、学生为主体、训练为主线"的教学原则，注意课堂的艺术性，尊重学生的个性，对学生一视同仁，善于因材施教，渐渐形成了自己的教学风格。说到中考的教学成绩，陈老师说最满意的是 2014 年那一届，那一届学生的中考平均分超出了南沙区平均分 40 多分。

　　3. 获得肯定，淡然知足

　　罗丽兰老师毕业于湖南师范大学，原来在顺德某学校任教，2000年经朋友介绍，来到了东涌中学。她说，刚来到这里时，看到宽敞的校门、宽阔的校道、美丽的校园环境，便爱上了这里。进入学校后，罗老师一直教高中物理，现为高级教师，教高一三个班的物理。

　　罗老师在东涌中学任教将近 20 年，连续做了 9 年的班主任。她说，这里的领导都很有人情味，老师们都很勤奋。学校的生源不太好，要教好学生，教师就要付出更多的努力。那时候罗老师从早到晚都待在学校里，找学生聊天，与学生沟通，对学生进行心理辅导、教学辅导。

罗老师说自己有点完美主义倾向，学生一有什么问题，自己心里就放不下，一定要去关注，并想办法解决，有段时间搞得自己很疲惫。不过看到班上的成绩越来越好，学生们养成了良好的行为习惯与学习习惯，自己心里也是满足的。

罗老师今年52岁了，对很多事情都能淡然面对，她觉得只要把学生教好，把本职工作做好，就足够了。罗老师说："能教育好学生，我就会觉得很幸福。由于跟学生沟通比较多，所以跟学生的关系很融洽，这让我感到很欣慰。"

罗老师说："在这里，同事之间的关系特别融洽。在以前待过的学校中，同事之间的竞争很激烈，而在这里，大家会共同合作，一起进退，大家很团结。学校领导也没有给人高高在上的感觉，他们平易近人，而且很关心教师们。"

罗老师说，教学成绩能得到学校的肯定，自己感到很满足。她觉得人不论在哪个工作岗位上，能得到肯定就已经算是实现了人生目标。如果自己的工作得不到肯定，心里就会觉得憋屈，也就容易产生负面情绪。正因为人都有这样的心理，所以教师在教导学生时，也要多给予肯定和鼓励，这样才能激发学生的积极性。

罗老师现在教高一，在教学方面她说以前感到有压力，现在没有压力了，而且充满了信心。学校对学生的学习抓得很紧，有些学生来这里后会觉得很辛苦。罗老师跟学生聊天时说道："如果你的人生目标很明确，再累也不会叫苦。如果没有目标，你就会觉得学习是一种负担。有些学生因为家庭的原因，没有很明确的人生目标，对自己的学习成绩也不太在意。现在对学习不上心，将来在工作、生活、家庭方面就会有很多烦恼。"

罗老师说，在她教过的学生当中，她对2007届的"五朵金花"印象最为深刻。那时候广东的高考实行"3＋X"科目设置（"3"指语文、数学、外语；"X"指"文科综合"或"理科综合"），学物理的女生特别少，2007届一个班只有 5 个女生，罗老师跟她们的关系很好。5 个女生当中，有两组是同桌，一个单独坐。那个落单的女生就会有点孤单。于是罗老师就经常会拉她们一起聊天，几个人相处久了，感情非常好。后来她们 5个全都考上了大学，其中有一个考上了中山大学，还有一个考上了华南师范大学。毕业后，她们会经常回来看望罗老师。

罗丽兰老师

（四）青春热血，甘于奉献

"善歌者使人继其声，善教者使人继其志"，教师的任务不仅仅是传授知识，更重要的是育人成长。东涌中学有一群充满青春热血的年轻教师，他们把自己的青春融入教学，用自己的热情诠释对事业的执着。

他们是东涌中学新鲜的血液，他们的肩上，一头挑着学生的现在，一头挑着祖国的未来。

1. 青春热情，融入教学

杨燕老师，本科就读于河南师范大学，研究生就读于广州体育学院，毕业后于 2014 年进入东涌中学，担任体育教师。对于为什么选择东涌中学，杨燕老师说是因为喜欢这里的环境，这里比较适合生活。"虽然这里不够繁华，但学生们都很朴实，很真诚。只要真诚地对待他们，就可以得到很好的回馈。我在这里工作很开心，而且相对来说比较自由。不管是体育课教学，还是配合做团委工作，都是我喜欢的，我可以从中得到很好的锻炼。"

东涌中学原来并没有健美操、啦啦队、街舞等课程，杨燕老师加入后，丰富了相关课程。她带领学生组建社团，参加训练以及各种活动，并取得了优异的成绩。她说现在自己得先把队伍带起来，给予他们战略性的指导。平常都是社团的学生们自发去训练，有比赛的时候她就会带着大家一起训练。

杨老师还协助学校的团委工作。她说刚开始自己没有什么经验，而且自己不是党员，虽然有学生会经历，但是也不够资深，一切都要从零学起。学校的共青团建设需要更具体化、更完善，分工要更清晰，负责的活动也会更多，这对自己的个人能力是很大的锻炼。很多活动的策划与组织，都需要花很多心思去想，去筹备，后期的实施与跟进，都是对个人能力的考验。

杨燕老师

2. 克服恐惧，快乐成长

伍妍伊老师毕业于湖南吉首大学，2014年9月加入东涌中学，教高一音乐。伍老师说，当初进东涌中学，其实是一个偶然，本来她毕业后准备留在湖南，后来在广州上大学的同学告诉她南沙区招考教师，招聘职位正好跟她的专业对口，她就抱着试试看的心态报名了，结果顺利考上了。

伍老师说："刚进学校的时候，人生地不熟，同一批进来了12个新老师，大家都很友善，互相帮助，让我能尽快融入这个大家庭。整个音乐科组的老师都像家人一样，他们对我很关心。刚来东涌中学的时候我心里还有点紧张，后来觉得很幸福，很幸运。"

伍老师说："在工作方面，刚毕业的自己就像个小笨鸟，乱飞乱撞，没有头绪，加上我所学的专业是舞蹈学，所以对自己能否上好音乐课多少是有点担忧的，但是我们科组的罗群老师教会了我很多方法，如怎样上好课，怎样处理好课堂，怎样和学生交流，慢慢地我就越来越上手了。在东涌中学磨炼了三年，我现在对课堂的把控越来越好了，和学生相处得越来越开心，成就感越来越强。"

除了课堂教学之外，伍老师还担任学校舞蹈队的指导教师，因为她学的就是这个专业，所以对舞蹈排练怀有很大的热情。看到学生的一点点进步，如跳好每一步，做好每一个动作，她都会觉得很开心。她说，跟学生在一起跳舞，看着她们成长，就像看到小时候的自己一样，内心感到既温暖又激动。伍老师说，感谢各学科教师的配合，是你们的合理安排让舞蹈队的学生能够在忙碌的学习之余有时间训练。舞蹈队获得了很多奖项，包括南沙区舞蹈大赛的一等奖，南沙区"六一"比赛的一等奖，等等。伍老师被学校评为"优秀青年教师"。

"我一来到东涌中学就觉得这是个和谐、温暖的大家庭。三年来，我与同事结下了深厚的友情，与学生结下了深厚的师生情。"

伍妍伊老师

第五章

灵润篇：
雏鹰展翅　圆梦东中

晋代郭璞《江赋》诗云："播灵润于千里，越岱宗之触石。"灵润，是雨露的美称，学生在东涌中学接受教育，就像树苗接受雨露的滋润。

东涌中学秉承"知行合一，止于至善"的办学精神，致力于通过"润泽教育"把学生培养成为身心和谐发展、情趣高雅、志向远大的现代化新型人才。润泽教育对学生的润泽，是通过感化、体验、熏陶、浸润、唤醒等方式实现的，目标是让学生能够快乐成长，成人成才。

教育家苏霍姆林斯基说过："学生来到学校里，不仅是为了取得一份知识的行囊，更主要的是为了变得更聪明。"东涌中学的学生，在这里，不仅学到了知识，收获了成长，还通过参与各种活动与社会实践，磨炼了意志，培养了健全的人格，掌握了处世的智慧，成了能够自主发展的人才。

一、学生风采：励志奋进，青春飞扬

近年来，东涌中学的教学成绩不断攀升，高考成绩也连年有新的突破。

学校这些喜人的成绩，离不开全校师生的努力。学校涌现了很多品学兼优的学生，他们勤学钻研、努力拼搏的精神正是东涌中学莘莘学子共同追求的。

（一）勤奋好学，多才多艺

作为学生，他们懂得，为了自己的将来，要勤奋，要努力，读书学习都是为了变成更好的自己。他们在这里，流下青春的汗水，为自己赢得了美好的未来。

在这里，他们不仅获得了知识，而且学到了很多的人生智慧。东涌中学的全面育人思想、丰富多彩的校园生活，让他们都成长为多才多艺的新时代青少年。

1. 勤奋好学，自我成长

曹绮柔是东涌中学初三（7）班的学生。她勤奋好学，不怕失败，用十足的勇气去挑战生活。她热爱学习，成绩优异，上进心强。她相信："只要我付出，就一定会有收获！"她曾多次荣获学习标兵奖、"英语高手"称号、"优秀共青团员干部"称号、"优秀学生"称号，于 2015 年 3 月荣获"七年级英语单词竞赛"一等奖，于 2015 年 11 月荣获"阅读月活动——书签制作"三等奖。

曹绮柔自小就勤奋好学，她深深懂得，勤奋努力才能够为自己赢得一个好的未来。

从呱呱坠地的婴儿，到率真可爱的幼儿，再到懵懂青涩的少年，最后到成熟的成人，这是我们必经的成长道路。在成长道路上，我们会思考很多，也会懂得很多。

　　小时候，父母经常对我说："要认认真真读书哟。"当时我年幼听话，时时把父母这句话记在心上，落实在行动中，于是我的成绩在班上名列前茅。当时我认为只要按父母说的做，父母就会称赞我，他们就会给我买想要的东西。

　　再长大些，我认为读书取得好成绩的好处不单单是得到自己想要的东西，还可以得到老师的肯定、称赞和同学们羡慕的眼光。每次上讲台领奖时，我都很享受同学们的掌声和老师的称赞。这种美好的感觉给予了我很大的学习动力。

　　时光稍纵即逝，转眼间我跨进了中学的大门。中学的学习压力变大了，学习任务变重了。我曾几度问自己："我如此勤奋学习是为了什么？"对于这个问题的答案我迷茫了很久。学校给我的"勤奋好学星"称号又一次让我想起了之前一直在问自己的问题："勤奋好学是为了什么？"这次我不再迷茫，心中已有了答案。是为了悦耳的称赞声、羡慕的眼光，还是响亮的掌声？都不是，为的是——自己。这答案看似简明，但其中含有深刻的意义。读书不是唯一的出路，但读书是最有用的道路。读好书是为了自己的将来。

　　我对"为什么要勤奋学习"的看法发生了很大的改变。我感觉自己长大了，这也许是成长的见证吧。我很高兴能获得"勤奋好学星"的称号。在今后的求学之路上，我一定会更加勤奋努力地去学习，为明天而奋斗！

曹绮柔

2. 以书为师，学会处世

初二(8)班的罗蕊蕊是个学习上的巨人、生活中的强者。无论课内学习，还是课外生活，她都会追求尽善尽美。她多才多艺，德艺双馨，德智体美劳全面发展。她获得了一系列奖项：2015 年 12 月，在广州市国际青少年科技制作与创新能力邀请赛中获三等奖；2016 年 10 月，在广州市"读一本好书"手抄报比赛中获一等奖；2016 年，获南沙区《让我们在阅读中成长》读后感一等奖；2016 年 6 月，在南沙区"六一"文艺比赛中她的舞蹈《摇到外婆桥》获中学组一等奖；2016 年 12 月，在"福文狮·源动杯"广州市跆拳道邀请赛中获第一名；2016 年 11 月，在广州市跆拳道穗港交流赛中获第一名；2016 年 1 月，获广州市跆拳道"和泽传媒杯"第一名；2016 年 11 月，在广州市中小学生地理户外综合实践活动中获个人组三等奖；2015 年，在生物发酵组织比赛中获一等奖。

她是一个酷爱读书的女孩。她从文学作品中学会了为人处世之道，了解了人性的弱点，懂得了面对不同的人要用不同的相处方式。书伴随着她成长，引领着她走向成熟。

每个人都有一份属于自己的成长经历，它或许坎坷，或许一帆风顺……而正是这些不同的经历，造就了不同的我们！

在一个温暖的午后，我端坐在窗前，手里捧着一本书，静静地读着。阳光洒在书本上，映衬着那美妙的文字，十分惬意。

突然，我想到了什么，猛然合起书本，陷入了沉思。

曾几何时，我不懂阅读的重要性，只盲目地认为学好课内知识就好，无须在阅读课外书上白费功夫。那时的我，成绩并不差，但总少了几分智者的深邃，不懂得人情世故，也缺乏生活阅历。

渐渐地，我长大了，交往的圈子也大了，我认识了许多人，然而，我苦恼不已，因为我不晓得如何与他们交往，我就像一只不合群的小鸡，融不进去。我尝试着与父母、老师沟通，但我仍旧烦恼。后来，我开始尝试着去阅读关于为人处世的文学作品。在这些作品中，我了解到人性的弱点，知道如何与人友好交往，明白了人生和而不同，与不同人相处要用不同的方式……我开始收敛自己，不再没大没小。

　　光阴似箭，日月如梭，转眼我已升上了初中。在初中，各种人才争相斗勇，原本在小学成绩优异的我却无法拔尖。为此，我想尽办法，希望能冲破这层层雾霭，却无济于事。我心想：为什么我这么努力却还是这样呢？在一位老师的指点下，我开始看名著小说。在这些书中，我学到了课本上学不到的东西。在考试中，我将课内知识和课外知识结合起来，终于，我做到了"一鸣惊人"！

　　在书中，我自由自在地遨游着，没有人会限制我的想象。慢慢地，我惊奇地发现，自己成熟了不少！我不再顽固不化，懂得了让人三分；不再死板一根筋，懂得了灵活转化；不再自大讨厌，懂得了为人谦虚……是书，给了我第二次的成长机会！

罗蕊蕊

(二)独立自强，奋发向上

　　成长的道路并不都是一帆风顺的，人生难免有些风雨，但是他们，

114

在生活的磨难中学会了坚强，学会了感恩，学会了奋发向上。

他们的青春，注定有着更多的精彩与激情，他们的未来也一定会更加美好。

1. 独立自强，全面发展

钟家欣同学是初一(7)班的班长，她独立勇敢，乐学好学，犹如初放的蓓蕾，又如初升的太阳。她目标坚定，永不言败，学习成绩名列前茅。她热爱集体，乐于助人，带领(7)班同学大踏步前进。她积极参加各项比赛与活动，勤勤恳恳，默默做好班长和科代表的工作，是老师的得力助手、(7)班同学们心中公认的好班长。她屡获殊荣：2014 年，在南沙区"明珠杯"第四届小学生(五年级)现场作文交流展示活动中获二等奖；获 2014—2015 学年度南沙区"优秀学生"称号；2015 年，在第 31 届青少年科技创新大赛南沙区初赛之科幻绘画比赛中获二等奖；2016 年，其作品"Favourite food"在南沙区"明珠杯"第五届校园英语节六年级 mini-book 比赛中获三等奖；2016 年 11 月，在初一年级硬笔书法比赛中获一等奖；在 2016 学年度第一学期中段教学检查中获"学习标兵"称号。

家庭的变故带给钟家欣很多的磨难，但她走出了一段自立自强的青春。

在我 11 岁的时候爸爸永远离我们而去。我是姐弟三人中最大的，所以帮家人做事最多的也是我，我不仅要学习，还要帮妈妈分担家务。妈妈一人承担起照顾一家四口的重担，作为家里的长女，我必须帮妈妈打理这个家。

作为姐姐，弟弟、妹妹有困难的时候我又岂能袖手旁观。妹妹是一名小学生，在学习上总是会遇到不懂的题目，那些题目对于我来说并不难，但为了让她学会独立思考，我不会直接告诉她答案，而是告诉她解题的方法。有时妈妈加班，很晚才回家，我就要帮弟弟放热水洗澡。

妈妈每次大扫除，我们都会主动帮忙，大家分工合作，你洗毯子我扫地。虽然房子小，但是打扫起来十分费劲，扫完两个房间我就已经大汗淋漓，这时候我才体会到妈妈平时是多么辛苦啊！

在家里我是"乖乖女"，在学校我是勤快的班长。虽然我家离学校较远，但是我每天六点五十都会准时来到课室，然后去收作业。在七点早读之前我会将全班四十多人的所有作业本和练习册收齐，并将部分没交作业或没做作业同学的名单一起交到老师的办公室。七点钟准时带领同学开始早读，复习昨天学过的知识，预习今天准备学的内容。除了领早读，我还会在上自习时管好纪律。如果有人违反纪律，我就会立即提醒。无论上什么课，我都会认真听讲，因为一旦走神我就不知道老师在讲什么，记笔记的时候就很麻烦。说到记笔记，我的书上可谓"五彩斑斓"。我感觉笔记记好了复习时就不需要临时抱佛脚，考试时也会"畅通无阻"，所以我的成绩一直优良。

"宝剑锋从磨砺出，梅花香自苦寒来。"成长过程中的许多经历与磨难，造就了今天独立自强的我。

钟家欣

2. 认识自我，奋发向上

许晓阳是高二(11)班的班长，有着出众的管理能力和组织能力。她性格活泼开朗，为人热情大方，学习成绩优异，工作能力强，积极参加各类体育、艺术活动，拿过不少奖项。她多才多艺，擅长唱歌、跳舞，是同学们学习的好榜样。她于 2016 年 5 月获得"学习标兵"一等奖以及"热爱集体奖"；于 2016 年 6 月在第五届全民健身操舞大赛中获 street-jazz 推广套路高中组二等奖；于 2016 年 6 月在第五届全民健身操舞大赛中获啦啦操提高套高中组二等奖。

许晓阳同学的成长过程是一个认识自我的过程，同时也是很多同学的缩影。

进入高中后，我便经历了许多让我成长的事情。

一开始，我就被打入美其名曰"特色班"的高压锅。班里的同学既聪明又勤奋，他们超强的学习能力好像是与生俱来的，而我仿佛在梦游，一直找不到前进的方向。直到我的成绩一次次垫底，我才醒悟：我必须要做出努力去改变现状。有了老师和同学们的关心和鼓励，我在学习道路上越挫越勇。虽然我已经接受了在班里中下游徘徊的现实，但是我知道自己的优势在文科，于是我便朝着文科生的方向发展，同时也不让理科拖后腿。到了高二分科时，我的学习成绩也如芝麻开花一样节节高。

在课余时间，我积极参加丰富多彩的校园活动。进入街舞社是我高中生涯的一个转折点。虽然训练过程很辛苦，但是我却乐在其中。渐渐地，跳舞便成了我的梦想，我也因此找到了自信。更重要的是我在街舞社结交了很多志同道合的朋友，他们丰富了我的高中生活，其中两个是我现在的同班同学。

十分荣幸能够获得"全面发展星"的称号。我要感谢所有人，感谢我的老师和同学，感谢学校为我创造出一个优秀的环境让我去成长、发展。

我记得苏格拉底说过一句意味深长的话：认识你自己。我是这样理解的：每个人身上都有独特的闪光点，我们应寻找它，挖掘它，发展它。我们要做自己喜欢的事，成为自己想成为的人！

许晓阳

(三)接受挑战，勇于探索

人生总是充满了挑战，我们只有勇于接受挑战，才能实现自己的理想与追求。面对挑战，他们勇于探索，把每一次困难与失败都化作人生历程中的垫脚石，攀登高峰，练就自己的人生智慧。

1. 接受挑战，相信自己

陈碧婵是高三(2)班的学生，她乐观向上，对生活充满热情。她尊敬老师，孝顺父母。她成绩稳定，是同学的好榜样，是老师的好帮手。她尽心尽力投身到班级管理中，默默无闻地为班级服务。她被学校评为"尊师孝顺星"。2014—2016 年，她曾获得"学习标兵"11 次，"优秀班干部"4 次；在广州国际青少年科技制作与创新能力邀请赛中获一等奖；在广州市高中化学竞赛中获二等奖；在第十五届广州市"我与化学"活动中获二等奖；获南沙区"优秀学生"称号；在南沙区第六届"明珠杯"数学竞赛中获高一年级组三等奖；在南沙区第七届"明珠杯"数学竞赛中获高二年级组二等奖；获"优秀小老师""优秀科代表""数学单科状元"等称号；在 2015 年度"金秋十月，让我们一起来读书"阅读演讲比赛中获一等奖。

在东涌中学，陈碧婵从安静的小女生成长为一名坚强独立的高中生，在这里经历的一切可以帮助她更从容地去面对未来的挑战。

从小到大，父母就教导我要"有所为，有所不为"，一直到现在这都是我做人的原则。我一直在顺境中长大，但也遇到过挑战与挫折。从小我就是自己的小主人，我的人生我做主。父母一直很支持我，相信我所做的决定。不管是上哪所高中，还是选文理科，他们都把选择权交给我。父母对我的信任一直是我前进的动力。

我从一个默默无闻、安安静静的小女生成长为现在大胆自信、能言善辩的大姑娘，这个过程中不乏自我怀疑、自我否定。有时候我会感到很迷茫，尤其是在备战高考的这些日子里。2015 年 7 月，我有幸参加了穗港交流营，这段经历让我学会坦然面对自己、面对别人，让我变得自信。从高三到现在，发生了许多事，有时候我会怨天尤人：上天为何要在这最关键的时刻如此对我？现在我懂了，只有经得起大风大浪的人才能真正到达梦想的彼岸。现在我感觉自己真的长大了，我学会了自我排解、自我安慰，学会了以成年人的眼光去看待生活中的起起落落。

其实我的阅历尚浅，仍需不断成长，不断提升自己，不断丰富自己。我希望有一天，我能真正对自己说："因为内心强大，所以一切都不是问题。"

陈碧婵

2. 勇于探索，创新实践

黄如萍是高一(1)班的学生，她善良活泼，乐于助人，兴趣广泛，敢于探索。她积极为班级建设出谋划策，积极参加学校组织的各项活动，如校园十佳歌手比赛、课本剧表演与主持等。她勇于探索，积极参加创新实践活动。这些活动既开阔了她的眼界，也锻炼了她的胆量与动手能力。"付出终有回报"，她在创新实践活动中脱颖而出，屡获区、市乃至全国大奖。"路漫漫其修远兮，吾将上下而求索。"她相信自己在创新实践的道路上能走得更好、更远。她于2016年在全国木桥梁搭建比赛中获一等奖，在广州市青少年科技创新大赛中获二等奖，在广州市地理户外综合活动中获个人一等奖。

黄如萍同学的成长得益于东涌中学多元化的舞台，这个舞台让她有更多的机会得到锻炼：

大家好，我是高一(1)班的黄如萍，很荣幸能够获得"创新实践星"的称号，也很感谢老师和同学们的认同与支持。

能获得这等荣誉，我感到非常开心，我要更加努力。我也想告诉大家，我们不仅仅要在学习上加把劲，还要多参加课余活动。进入高中以来，我参加了许多活动，譬如说在木桥梁搭建比赛中，我获得了区一等奖、全国一等奖，在青少年科技创新大赛中获得了二等奖，在地理户外综合活动中获得了个人一等奖。有的同学可能会觉得这些比赛对参赛人数有限制，害怕自己没有能力，但我觉得这些比赛并不是在比智商，而是在比知识面，我们只要多了解一点课外知识，多看书就可以了。另外我们学校的有些活动也是不错的，并不亚于校外活动，如课本剧。我报名参加了本班课本剧内容的编辑，还报名参选课本剧的主持，这是我以前从来没有尝试过的。在这么多人面前做主持，既锻炼了我的胆量，也考验了我的应变能力，让我更上了一个台阶。至于校园十佳歌手比赛，虽然我没有进入决赛，但至少我参与了，而且我看到了我们学校的确有很多唱歌的能手。一年一度的校运会，我是必定会参加的，毕竟一年只有一次，它是一项很好的体育活动，既能锻炼我们的身体，又能磨炼我们的意志。

参加课外活动能够开阔我们的视野，让我们了解很多在课堂上学不到的东西，提高我们的创新实践能力。我希望同学们能多参加一些积极的课外活动。

黄如萍

3. 开阔视野，全面发展

高一(1)班谢志豪，学习态度认真，勤奋刻苦，上进心强，热爱班集体，乐于助人，注重知识的积累，努力攀登学习高峰。他说："我不惊羡成功之花美丽的娇艳，只注重奋力绽放的过程。"他认真听讲，积极思考教师提出的每一个问题，并踊跃回答。他认真完成每一次作业。他德智体全面发展，积极参与课本剧表演、演讲比赛等活动，并获得多项荣誉。他在踏实与勤奋中找到坐标，锐意进取，用坚实的脚步踏出一片美丽的天空。他于2014年获得"孝道之星"称号，在2014年全国中学生新课程英语语言能力竞赛中获二等奖，在第四届广州市中小学生地理户外综合实践活动中获三等奖。

从一个只会埋头读书的孩子，发展到全面发展的高中生，谢志豪经历了自己的转变：

　　我是来自高一（1）班的谢志豪，很荣幸能够获得"全面发展星"的称号。这当然少不了老师和同学们的支持和鼓励，所以谢谢各位老师和同学。

　　其实在上高中之前，我一直是一个默默无闻的学生，很少参加活动，直到高中，我认识了不少新的同学，有了不少新的想法，视野开阔了不少。我渐渐明白，人不能仅仅局限于某个方面，而是要致力于全面发展，于是，我便开始尝试参加一些活动，相信不久之后，我会变得更优秀。

　　高一上学期，我参加了一个科技创新比赛。在那次比赛中，有不少组很快完成了比赛。比赛结束之后，我深深地感到，只专注于学习是行不通的，还要注重全面发展。在与学长的合作中，我从他们身上学到了很多。我们立志要虚心学习，全面发展，让自己变得更优秀！

谢志豪

二、学生活动：明德至善，格物致知

《大学》开篇云："大学之道，在明明德，在亲民，在止于至善。"意思是说，大学的宗旨在于弘扬光明正大的品德，在于使人弃旧图新，在于使人达到最完善的境界。要使学生的思想品德得到良好发展，真正做到言行一致，仅仅靠宣讲规章制度，靠课堂教学显然是不够的。学生的道德观念和道德品质，只能在社会实践活动中才能展现，并在实践活动中受到检验。

黄志远校长说，教师要培养学生的自主发展能力。学生在学校只能学习3～6年，只有得到更多的锻炼，才能受益终生。

东涌中学非常注重活动育人，每年都会组织各类活动，拓宽学生视野，让学生在实践活动中认识自己，在快乐中明白道理，在自主中学会做人。

每年学校会组织很多活动，如环保教育、生态教育、安全教育、生活教育、各类小设计制作比赛、各类征文比赛、各个科组的图片展、书香校园阅读活动、期中期末成绩检测、节庆墙报比赛、居室环境评比、课间操比赛、田径运动会、科技文化艺术节、"心灵的呼唤"献爱心运动，这些活动给不同层次、不同水平的学生提供了展示自己的机会。

(一)科技活动，创新实践

我校坚持面向现代化、面向世界、面向未来的教育方针，大力发展素质教育。未来是知识经济时代，知识经济的内核是知识创新。

在知识经济时代，创新精神和实践能力是一个人最重要的素质。加强科技创新教育，培养科学精神，是学校教育的重要内容。

东涌中学组织了各种形式、各种方向的科技创新活动。这些实践活动可以激发学生发明创造的兴趣，培养学生的创新意识，开发学生的潜能，提升学生的科学素养。

1. 桥梁设计，创意无限

2015 年 12 月 14 日下午，桥梁设计挑战赛暨桥梁设计与制作作品展评活动在学校的聚贤广场举行，本次活动的项目主要有搭桥"签"线赛、纸桥承重赛、桥梁设计与制作作品展评等。

搭桥"签"线赛要求参赛学生利用红、白萝卜和牙签搭建跨度≥50 cm、高度≥10 cm、宽度≥10 cm 的桥梁结构。这项比赛不仅需要学生有一定的动手能力与合作精神，还需要学生有一定的艺术创意。纸桥承重赛要求参赛学生用 5 张 A4 纸制作跨度≥18 cm、桥面宽度≥10 cm、桥墩高度≥5 cm、纸桥总重量不超过 30 g 的纸桥模型，并进行现场承重挑战。

展评的桥梁设计与制作作品可以是做工精美的模仿制作，也可以是具有新型桥梁设计。在这次活动中，创意无限的搭桥"签"线赛作品展现了学生们丰富的想象力与创新能力。高二(6)班学生搭建的纸桥承受了 11 箱矿泉水的重量，活动现场的师生们都惊呆了。

创意无限的搭桥"签"线赛作品

2. 科技游园，玩中成长

2015 年 12 月 14 日下午，东涌中学首届"科学嘉年华"科技游园活动在思远大道举行。

这次科技游园活动有理化生实验箱、天文实验箱、机器人实验箱、App Inventor 体验区、微观世界等体验项目；有光的折射、串联电路、烧不坏的手帕、大象牙膏、盐酸和氢氧化钠溶液的反应、自制指示剂、滴水生火、水果电池、气象等演示项目；有空气大炮、风力发电、镜像协调、滚铁环、可乐罐的平衡、空气运球、水顶球、滚动的跳豆、一气呵成、胶袋升空、磁性飞镖、弹簧下楼梯、箭术比武、弹跳僵尸、纱网运水、水龙卷风、滚上体、鸡蛋撞地球等游戏项目。

丰富多彩的科技项目、自由开放的形式，让游园的学生们体验了创新，收获了快乐，获得了成长。

箭术比武

3. 无线电测向，科学锻炼

2016 年 10 月 30 日，广州市第四届校园无线电阳光测向活动在东涌中学成功举办。来自广州地区 102 所中小学校的 1421 名选手，分成高中组、初中组、小学 A 组、小学 B 组 4 个组，分别在 3.5MHZ 和 1.8MHZ 个人测向赛和团队赛中展开了激烈的角逐。广州市教育局科研处调研员邱国俊、广州市青科协科技体育专委会主任顾晟、南沙区教育局副局长李彤、南沙区东涌镇教育指导中心副主任钟德标、广州市南沙区东涌中学副校长罗平等领导参加了本次活动。

本次活动的目的是引导青少年走向操场，走进大自然，在阳光的沐浴下，利用无线电测向科技手段，开展集科技、娱乐、健身于一体的科技体育运动，从而锻炼与提升学生的体能，培养学生的实际操作能力，促进青少年的全面发展，推进广州市青少年科技体育活动的蓬勃开展。

无线电阳光测向活动精彩瞬间

4. 创新交流，展示成果

生物发酵技术是我国在食品生产过程中经常用到的技术。例如，在制作酒、醋、豆豉、面酱、豆瓣酱、酸乳、泡菜、腐乳、干酪等时都会用到该技术。人们既可以采用传统的方法制作发酵类食品，又可以对原有技术进行创新，制作出不同种类的发酵类产品。

2016年11月21日，来自东涌中学初一、初二、高一、高二共四个年级的近200名学生分成59个小组，在思远大道摆摊设点，展示他们通过创新技术制作出来的发酵产品，包括酸奶、泡菜、酒、腐乳、馒头等。现场食品琳琅满目、芳香扑鼻，令人垂涎三尺。

参与发酵技术创新应用比赛的各个小组通过现场解说、海报宣传等形式，介绍了产品的制作过程、技术创新之处、产品特点和优势。作为"评委"的全校师生涌入"美食一条街"，试吃试饮，感受用创新技术制作出来的发酵食品的独特味蕾刺激，在唇齿留香、回味无穷之际，还不忘为自己最满意的小组投上一票。

一小时不到，现场美食被一扫而空，迟来的师生只能寻寻觅觅，看是否还有"漏网之鱼"，残羹冷炙也算意外之喜，杯盘狼藉只能相约明年。

食在广东，味传花城，创新发酵在东中！

发酵技术创新活动

(二)德润心灵，引领成长

列夫托尔斯泰说："人类被赋予了一种工作，那就是精神的成长。"学校的德育活动，以润物无声的方式，培养学生积极的人生态度，引领学生形成正确的思想价值观念，让学生的思想感情得到熏陶，精神生活得到充实，道德境界得到升华。

在东涌中学的学生活动中，对课文经典的演绎，能让学生更好地领悟中西方文化的精神，帮助他们养成良好的人文情怀。

1. 演绎经典，人文情怀

几束灯光，投影苍生百态，

一段故事，诉尽世态炎凉。

丝缕遐想，悟出人生真谛，

长袖善舞，舞动青春梦想。

127

　　青春校园离不开同学们的精彩演绎。2016 年 10 月 25 日下午，东涌中学弘信厅里灯光璀璨，笑声飞扬，伴随主持人激情昂扬的开场白，东涌中学 2016 级高一年级"穿越时空，演绎经典"课本剧大赛隆重开幕。

　　在本次课本剧大赛上，高一年级学生在多个科目教师的指导下自编自导，倾情演绎了 12 个主题鲜明、剧种多元、内涵丰富的剧目。学生们用诙谐的语言、灵动活泼的肢体展现了一个个鲜活的人物、一段段精彩的情节。他们将活灵活现的角色形象、喜怒悲欢的人物情绪演绎得淋漓尽致，整场比赛中高潮迭起。《三顾茅庐》《变色龙》《项链》《石壕吏》等节目给全年级师生呈现了一道视觉、听觉盛宴，受到师生的一致好评。

　　语文科谌清泉老师做了精彩点评："人生如戏，戏如人生。舞台演出不儿戏，方能演绎人生的辉煌大戏。"

　　一方戏台，情感穿越时空，贯通天地。在戏剧背后，无论是舞台上的绽放还是幕后的忙碌，每个同学都会收获成长。我们将传承经典，开拓创新，为丰富校园文化生活、提高学生的文化素养贡献力量。让我们记住那些美好的时光，记住那些活跃在舞台上的身影。

高一年级课本剧《三顾茅庐》

2. 课室文化，创意环境

　　为了创设富有特色的班级文化氛围，为学生营造良好的学习、生活

128

环境，借助第二届"班主任节"系列活动开展的契机，高二年级开展了一场别开生面的课室文化评比大赛。

各个班的学生为了赢得比赛，都精心布置了自己班的课室。各班学生根据自己设计的"班级理念"，通过编排班级板报，建设学习园地，剪贴名人名言等，将教室布置得新颖独特，也为教室里的图书角配了更多图书。

经过这次课室文化评比活动，课室里的课桌整齐了，门窗明净了，地面洁净了，物品摆放也有序了，课室中所散发的文化气息让学生们受到了更好的感染和熏陶。

高二年级课室文化评比

(三)自立自强，成长成才

子曰："天行健，君子以自强不息。"自强不息是中华民族的民族精神，是一种积极的人生态度。中学教育要培养具有自立、自强精神，自我发展能力，自尊、自爱、自重人格的学生。教师要引导学生对自己的学习和行为不断进行自我评价和自我调节，使之获得全面和谐的发展。

学生通过参加成人礼，能够明确责任，学会感恩，走向自立；通过参加拓展活动，能够磨炼意志，培养团队合作精神；通过参加跳蚤市场活动，则能够树立节约意识，锻炼沟通与交往能力。每一场活动的历练，都能让学生更好地认识自我，变得自立、自强，获得成长。

1. 成人宣誓，见证成长

2016年10月17日，初秋的轻风吹过，阳光灿烂，在这样一个美好的日子里，东涌中学成人礼活动在体育场隆重举行，全体师生及家长代表齐聚一堂，共同见证这意义非凡的一刻。

在庄严的升旗仪式之后，活动开始。高三480余名学生整齐列队，在高三(1)班陈傲亮等11名领誓代表的带领下，向国旗庄严宣誓："作为一名成年公民，永远做祖国忠诚的儿女。因为有我，人民将更加幸福；因为有我，家园将更加美好；因为有我，祖国将更加昌盛。"

父母不求回报的付出成就了同学们十八岁的意气风发，值此重要时刻，高三(8)班张莉诗的父亲作为家长代表向孩子们送上满怀的祝愿，家长们将用爱与期望写就的"心愿卡"交给孩子，字字温馨，真情流露。十八岁，当知感恩与回报。

活动最后，高三学生按班级顺序依次走过记录着十八年来成长点滴的"成长之路"，踏过"成人门"，这象征着高三学子在迈向十八岁的路上，摆脱了幼稚与脆弱，走向成熟与坚强。

十八而至，青春万岁，为触手可及的梦想，为无法磨灭的责任，为父母师长的期许，为社会义务的承担，愿十八年华，终将璀璨！

成人宣誓仪式

2. 拓展活动，磨炼意志

2016 年 10 月 7 日，东涌中学高三年级学生进行了为期一天的"历奇山庄户外拓展活动"，他们完成了高空走钢丝、天梯、四渡赤水、抢滩登陆、状元之路、毕业墙等多个项目，收获满满。

天气虽然炎热，但挡不住学生的激情。学生在教练的带领下，体验不同的项目。在四渡赤水的项目中，同学们摩拳擦掌，跃跃欲试，表现出一股顽强拼搏的劲头。天梯对不少学生来说是一项考验，因为人站在上面会摇摇晃晃，但在同学、教师、教练的鼓励下，学生们依然坚持到了最后。在抢滩登陆项目中，同学们展现了良好的合作精神。在集体翻越"毕业墙"时，教官要求全体学生徒手翻越一面高 4.2 米的垂直木墙。该项目考验了大家的意志力，并使得团队的凝聚力大幅提升。在最后的分享环节中，伴随着音乐，教练慷慨激昂的声

历奇山庄户外拓展活动

音在耳边响起，场面感人，催人泪下，却又发人深思，鼓舞斗志。

活动最后，高三年级全体师生在年级横幅标语上写上自己的愿望并签名。

这次拓展活动提高了学生们的团队合作意识，增强了学生们的自信心以及面对逆境时的处事能力。经过这个活动，学生们能够以更好的状态投入学习中去。

3. 携手你我，共同成长

2017 年 3 月，在心理科吴诚峰老师的精心策划下，东涌中学隆重举办了"健康心灵，和谐校园"心理健康活动周暨"携手你我，共同成长"

同伴日系列活动。

　　此次活动通过宣传心理健康知识和心理测试，帮助学生了解自己的长处与不足，使其全方位地认识自己，同时增强学生的自我认同感；通过心理游园活动，使学生思考一些平时没有过多关注或发现的问题，寓教于乐；通过心语墙、心语箱，为学生提供倾诉的空间，使学生坦然地诉说心中的困惑及烦恼，为心灵解压，让学生前进的步伐更具朝气和活力，让学生的人生充满自信和力量。

　　活动受到了学生的热烈欢迎，一千多名学生踊跃参与，他们收获了很多心理健康知识和调节心理的科学方法。这个活动还得到了家长的高度认可和支持，很多家长特意于活动当日赶到学校同自己的孩子一起参与活动。

心理健康活动周活动

4. 跳蚤市场，创业启蒙

　　2017年3月6日和7日，东涌中学的首届跳蚤市场活动在学校的思远大道举行。这一次的跳蚤市场活动非常成功，得到了全校师生的关注。初一、初二、高一、高二各个班学生都有参加，每个班平均两到三个摊位。

这场活动是利用第八、第九节课的时间举行的，现场非常热闹。学生们花尽心思准备了各式各样的小商品，包括明信片、徽章、杯子、钥匙扣、盆栽和小吃，等等，参与的学生热情高涨。

作为活动的策划人与现场调控人之一的学生会副主席陈伟说，这次活动的缘起是团委组织大家去玉岩中学学习，受到了启发，回来后就开始筹划，跟主席团、学生会一起讨论，制订方案。前期准备了一个月，然后学生会召集各个班的负责人，向他们宣传规则，提出要求。

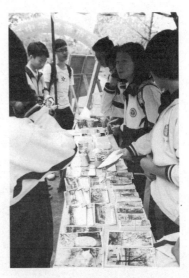

首届跳蚤市场活动

陈伟说："因为第一次举办这样的活动，光筹备就花了很长时间。活动能够取得成功，作为活动的筹划人，我觉得很有成就感，下一年可以搞得更大一些。"

活动结束之后，团委及学生会总结了经验。陈伟说，通过这次活动，自己认识到，学生会要更好地开展工作，必须调动学生们的积极性，以后举办活动时，学生会要想方设法调动学生们的积极性。

在活动执行方面，学生会需要丰富学生会与班级沟通的途径。学生会的成员，要与各个班的团支部书记加强联系，增进感情，以便工作能更好地开展。

三、幸福社团：多姿舞台，绽放亮点

学生社团是校园文化建设的重要载体。学生按照自己的兴趣爱好自愿组织起来的社团，有利于他们充分展示自我，激发对生活的热爱，增强人际交往能力，促进身心健康发展。

各个社团举办的学术讲座、专业技能比赛、科技创新比赛、文艺体

133

育比赛等，既可以为学生提供实践机会，又能提高学生的竞争意识、合作意识、研究能力、创新能力、沟通能力。社团活动还能增强学生的集体观念和团队意识，陶冶情操，提升道德修养和社会责任感。社团活动能把学生的兴趣培养成特长，把特长提升为技能，把技能拓展为素质，从而达到提高学生综合素质的目的。

东涌中学的社团活动已经成为校园的一道亮丽的风景线，丰富多彩的社团活动让校园充满了生机与活力。截至 2017 年，学校陆续成立了各类学生社团 46 个，如国画社、观鸟社、摄影社、魔方社、辩论社等，参与社团的人数近千人。各个社团坚持以课余分散活动为主，校内集中辅导为辅，汇报会演，集中进行展示。现在学校的学生社团活动已经成为校园文化建设的一大亮点，成为展示学校教育理念、教育方式、教育特色的一个窗口。

学校社团活动

人文类社团	中西方文化礼仪社、英语俱乐部、青衿名著读书社、历史数字故事社、美食社、数学创新思维社、红棉青年志愿者社、践思社、心理社、水乡民俗社、"校园之声"广播社、微 DV 创作社、辩论社、茶艺社
艺术类社团	环保创意制作社、国画社、豆贴画制作社、科幻社、摄影社、书法社、合唱社、吉他社、南海青年团、舞蹈社
科技类社团	创意搭建社、电子制作社、气象社、百草社、观鸟社、机器人社、电脑作品创作社、结构模型社、空模社、海模社、车天车地社、测向社、创客社
体育类社团	"象飞田"社、足行天下社、M-star 啦啦操与街舞社、篮球社、排球社、羽毛球社、田径社、魔方社、键球社

（一）人文社团，情趣培养

学校的任务，不仅在于为学生传授必备的知识，而且在于丰富学生的精神生活。润泽教育最主要的目的是让每个学生都扬起希望的风帆，追求幸福的教育。

东涌中学的人文类社团包括中西方文化礼仪社、英语俱乐部、青衿名著读书社、历史数字故事社、红棉青年志愿者社等。人文类的社团活动，能让学生在活动中拓展知识，培养审美情趣，对生活品质的提升形成感性认识，让学校成为学习的乐园。

1. 志愿服务，助人自助

志愿者，在助人的同时，也是自助。在使其他生命活出色彩的同时，志愿者也可以从中得到思想上的升华，学会与人沟通，学会关爱他人，也能更深刻地领会生命的意义。青年志愿者活动是微小的，因为它涉及范围太有限，然而它又是伟大的，因为它在有限的范围内让被服务者露出笑容，让社会上的弱小群体感受到自身的价值和我们带去的温暖。

东中学子从初中开始就参加团委组织的敬老院送温暖义演活动。志愿者们每次参加活动时都会和老人们聊聊天，帮他们捶捶背，听他们讲故事。作为志愿者的我们，每次看到这一幕幕温暖感人的画面都会被感动，这就更加坚定了要参加志愿服务的决心。

学生参加志愿者社团献出的是爱心，成长的是自我。

东涌中学红棉青年志愿者社于 2017 年 1 月正式成立。红棉青年志愿者行动以"奉献、友爱、互助、进步"为宗旨，是以倡导东中学子利用课余时间参与学校各项活动为主要内容的一项学校服务活动。青年志愿者伸出友爱之手，送去了温暖，推进了和谐校园的发展。

广大青年志愿者以力所能及的方式参加学校活动。这些活动既拓宽了他们的生活范围，又丰富了他们的人生阅历，使他们明确了人生方向，既锻炼了他们的综合能力，又提高了他们的思想修养和精神境界。

红棉青年志愿者社

2. 校园之声，传播文化

高二(11)班的丁浩是"校园之声"广播社的社长。他说："作为广播社的社员，在一个学期的工作过程中，自己各方面的能力都得到了提高，尤其是写作能力、语言组织能力、普通话水平、交际能力，以及管理能力。如果时间和条件允许，下学期我想在广播中增添更多、更精彩的节目，给社员们提供更多展现自己的舞台。在工作的同时，我也感到了肩上责任的重大，因为接下来还有更艰巨的任务等着我。如何才能更好地扩大广播站的影响力、发挥广播站的作用，怎样才能培养出更精干的工作人员，所有这些都是社长要攻克的难题。我将不断努力，让广播站真正成为传播校园文化的阵地和锻炼学生能力的大课堂。"

东涌中学"校园之声"广播社成立于 2014 年，是直属于东涌中学团委学生会的学生社团。广播站现有站员 23 名。"校园之声"主要以校园文化为主线，涵盖丰富多彩的校园生活，充分反映当前校园动态，突出实效性和真实性。它对校园方方面面进行宣传报道，并向广大学生传递最新的社会资讯。广播站是一座联系学校和学生的桥梁，也是一条联结全校学生感情的纽带。"校园之声"是学校最具影响力的传媒之一，口号是"以站为家"。

"校园之声"广播社

3. 学习礼仪，提升气质

高一(6)班的郭凯琳同学是中西方文化礼仪社的成员，她说："加入这个社团之后，认识了很多志同道合的朋友，视野也开阔了。礼仪课的培训让我学到了坐立行走以及待人接物的基本礼仪，还学到了不同的中西方文化，如茶文化、咖啡文化、酒文化，还有餐桌礼仪文化等。参加完社团课程和相关的实践活动之后，我感觉自己更热爱生活，也更加自信了。"

中国自古就是一个礼仪之邦，五千年的华夏文明教导我们要知礼、懂礼、守礼、用礼。礼仪能体现一个人的教养和品位。21世纪是一个世界大融合的时代，学生不仅要懂得中国文化，还要具备国际化视野。中西方文化有很多差异，而学生对西方文化的了解并不深入，大多局限于电视、电影、杂志等片段信息中。因此，开设中西方礼仪文化课程显得迫切而又重要。这一社团旨在提高学生对中西方文化的认识，开拓学生的国际视野，提升学生的气质。

学习中西方礼仪

(二)艺术社团，才艺展现

艺术类社团，旨在培养学生的艺术素养，是学校开展各种艺术活动的主力军，也是学生接受艺术熏陶和提高艺术品位的第二课堂，还是学生展现自我风采的广阔舞台。

东涌中学的艺术类社团包括环保创意制作社、国画社、书法社、合唱社、吉他社、南海青年团、舞蹈社等。学生们从社团活动中，不仅可以收获快乐，还可以获得个人成长、自由发展与成就感。

1. 韵律体操，传播快乐

东涌中学组建的"红棉青年团""南海青年团"两支快乐操团队参加了海峡两岸暨香港校园大自然快乐操观摩交流会和"舞颂天地情"世界青年大自然之舞观摩赛。两支队伍的精彩表现均引起了与会者和当地观众的热烈反响，他们先后获得了"最佳感恩奖""最佳和谐奖""最佳美感奖""最佳动感奖"等荣誉。表演之余，学生们与来自世界各地的青年进行多元文化交流，接触到了世界各地的文化，开阔了视野，增长了知识，丰富了阅历，赢得了友谊，将环保意识与世界和平的理念深植心中。

南海青年团是东涌中学热爱大自然快乐操团队。社团成员通过跳大自然快乐操，传递热爱大自然、热爱生命的正能量。

第一届南海青年团的成员冯晓莹说："没有这次活动，我就学习不到诚恳、亲切待人是件多么美好的事，学习不到主动有礼地向别人打招呼是件多么快乐的事，体会不到'台上3分钟台下10年功'的艰辛，体会不到感恩……通过这次活动，我觉得我们这些青年人变得更有活力，更有自信，更加和谐了。对于大自然，我们也更加热爱了！"

大自然快乐操是一种以"维护生命、热爱生命、照亮生命"为理念，以热爱大自然文化为内涵，把艺术性、创新性、趣味性融为一体，促进身心健康发展的体操。大自然快乐操最大的特色在于"大声地唱、快乐地跳、开心地笑"三者合一。在校园中我们经常可以见到学生边唱、边跳、边笑的场景，他们伴着轻松欢快、充满动感的旋律，怀揣着感恩、快乐的心情，展露自然、幸福的笑容，展现出青春朝气、充满阳光的生命活力。动作、歌声和笑容融为一体的那一刻，就是最具喜感、动感和美感的时刻！

大自然快乐操的歌词主要体现热爱大自然、珍惜生命、肯定人的价值与尊严等内涵，倡导科学的生命观、价值观、幸福观、审美观。学生通过唱快乐歌，从充满正能量的歌词中懂得人与自然要和谐共处，要正确地认识自我，懂得感恩生命，树立快乐的、积极向上的人生态度。学生通过跳大自然快乐操，展现自身的美，不断提升热爱生命的涵养和艺术气质，建立积极向上的人生态度。

与大自然快乐操的歌词相配的是大自然快乐歌的旋律，它充满活力、朝气与生命力。

每天课间操后，全校师生一起进行唱、跳、笑的快乐操，这成为校园一道亮丽的风景线。正如快乐操之《共乐歌》的歌词所描绘的那样（独乐乐不如众乐乐！大家都能快乐，才是快乐的真谛！），大自然快乐操并非只注重外在的动作整齐、队形变化，而且要求舞者领悟其内在的美感，从而改变自己，提升自我，把人的内在美充分展现，把青春朝气、活力、快乐散发出来，本着合作、包容、快乐之心，感动自己，也感动别人，在唱、跳、笑中传播积极进取的人生态度和热爱大自然、身心健康的价值理念，从而达到净化心灵、提升生命价值的目的。

2. 书法练习，修身养性

高一(6)班麦致豪同学是书法社的成员。他说，练习书法需要耐心和坚持。我们在练习书法的同时，也是在修炼自己的心性，锻炼自己的耐心，提高自己的素养。常言道："字如其人。"练字就是修身，字的形态表现的就是一个人的精神风貌和一个人的心态。

东涌中学书法社的指导老师黄锐华说："书法课教学要有的放矢，有重点，有难点。教师在教学中要注意调整书法课内容，使其体现民族特点，从而弘扬传统文化，传承民族艺术，增强学生的民族自豪感。通过书法教学，我们可以培养学生健康的审美情趣、初步的审美能力和良好的道德情操。"

东涌中学的书法社旨在为爱好书法的学生提供一个学习书法、展示自我、提高自我和相互交流的平台，让学生用简单的纸、笔和墨创作出一幅幅古色古香的书卷，从中体会传统艺术的古典韵味，陶冶情操。书法社的口号是：写端端正正中国字，做堂堂正正中国人。

书法社

(三)科技社团，奇思妙想

要把中学生培养成创新型人才，科技创新实践活动是一个重要途径。科技社团活动能提高学生的科技意识和科学素养，培养学生的创新精神，丰富学生的课余生活，培养学生"勇于探索、敢于创新"的精神以及团队合作意识、节约意识、环保意识。科技社团倡导学生关注生活，从我做起，建设节约型社会，开创学校科技教育新局面。

东涌中学的科技类社团包括创意搭建社、气象社、百草社、观鸟社、机器人社等。学生可以发挥奇思妙想，进行科技实践，培养开拓创新精神。

1. 气象社团，开阔视野

高一(9)班冯颖炫是学校气象社的成员，她参加了社团活动之后，有很深的感悟："生命对于每一个人来说都十分宝贵，失去了就没有第二次了。气象灾害给人们带来的损失是巨大的，它直接威胁到人们的生命、财产安全。我们每一个人都要树立防灾减灾意识，力争把灾害带来的损失降到最低。我在气象社不但学到了气象监测的基本方法，而且学习到了很多防灾减灾知识，开阔了视野，了解了先进的气象观测仪器的使用方法，提高了气候环境保护意识和防灾减灾意识。"

东涌中学的气象社是基于南沙地区气象灾害频繁这一实际情况而成立的。南沙地处珠江口，气象灾害频发，为了提高学生们对气象灾害的了解，以及对自然灾害的危机意识和应对能力，气象社通过校园气象站开展各种气象要素(如湿度、降雨量等)观测活动，利用监测数据编制校园刊物《气象万千》，开展防灾减灾社区调查研究活动、气象灾害防灾教育和自救逃生演练，从而提高学生们的防灾减灾意识和应急避险能力。学生在体验气象监测乐趣的同时，提高了综合素质和科技实践能力，在广州市 2016 年世界气象日科普知识竞赛中多人获一、二等奖。

气象社活动

2. 机器人社，动手创造

高一(11)班的黄子博同学是学校机器人社的成员。他说："虽然机器人进入我国中小学已有十多年，但现阶段的机器人教育还只限于个别学校采用竞赛和兴趣小组的形式进行机器人实验。在这个社团，老师给了我们足够的自由度，让我们可以充分发挥自己的想象力，并动手操作。"该社团不仅能够培养学生的动手实践能力、科学探究能力、空间想象能力、创新思维能力、综合应用能力和团结协作能力，而且还可以使学生了解机器人的工作原理以及实现方式，提升学生的信息科技素养。

智能机器人技术是 21 世纪的核心科技力，它融合了机械制造、电子技术、传感器、无线通信、声音识别、图像处理和人工智能等领域的先进技术，代表着现代高新技术发展的前沿。但是对于大多数学生来说，机器人很遥远。为了尽快让学生感受机器人的魅力，机器人社让学生自学理论知识，了解各种传感器、控制器、驱动器的功能以及使用方法，并且进行简单且有创意的机器人设计与组装，促进学生对机器人的了解。该社团的多名学生在广东省创意机器人大赛以及广州市中小学智能服务机器人（垃圾分类专题）竞赛活动中获得二、三等奖。

操作机器人

（四）体育社团，锻炼身心

中学生对体育运动有很高的热情。学校体育社团的出现，让学生可以更好地体验体育运动的乐趣，提高运动水平，扩大交际范围，缓解学习压力，达到强健体魄、增强体质的目的，同时团队活动还能够提高学生的团队意识，使学生更加热爱生命。

东涌中学的体育社团有"象飞田"社、足行天下社、M-star 啦啦操与街舞社、篮球社、排球社、羽毛球社、田径社、魔方社和键球社。体育社团活动突出娱乐性、健康性，遵循"健康第一"的指导思想，让学生养成自觉进行体育锻炼的良好习惯，为他们的健康打下坚实的基础。

1. 象棋社团，锻炼思维

初二(7)班的钟文科同学就是"象飞田"社的成员，每个星期四下午的最后一节课就是他参加社团活动的时间。他说自己小学的时候就学过象棋，所以选择了加入"象飞田"社。爸爸妈妈对他加入这个社团也非常支持，因为参加社团活动可以认识同一年级的很多新朋友，还能提高自己的棋艺。

"象飞田"社的另一位成员陈绍正也说："这个学期学校组建了这个团队后，我很荣幸地加入了。参加象棋社是一件很有趣的事。我觉得下象棋有很多好处，如开发智力、修身养性等。另外，下象棋可以锻炼自己的耐心，扩大自己的知识面，通过团队活动，我们可以了解中国的很多象棋大师，学到很多的'策略'，如怎样可以在最短时间内让敌方走到'尽头'等。教我们的象棋老师很负责任，经常一对一地进行讲解，并耐心指导。每次活动之后我们都能学到一些知识，也因此充满了自信！老师在我们自由下象棋前会教我们一种好的开局方式或破解残局的方式。我觉得效果很好，慢慢地，我也成熟起来了。"

象棋活动可以培养学生的大局观，促进逻辑思维能力和想象能力的提升，提高思维的敏捷性和严密性，培养顽强勇敢、坚毅沉着、机智灵活等优秀品质，陶冶情操。学校"象飞田"社的成立，让很多象棋爱好者找到了共同成长的乐园，也为东涌中学的社团活动增添了色彩。

2. 啦啦操队，团队合作

M-star 啦啦操与街舞社团是杨燕老师建立起来的。杨燕老师是广州体育学院的硕士研究生，学习健美操训练学和啦啦操专业，国家体操二级运动员，多次获得全国一等奖。她从 18 岁就开始自学街舞。在她的带领下，学校的 M-star 啦啦操与街舞社团获得了多项荣誉：在 2015 年全国全民健身操舞广东赛区比赛中获得自由舞蹈组高中组第一名并晋级 2015 年全国全民健身操舞青岛全国赛；在 2015 年全国全民健身操舞广东赛区比赛中获得 hiphop 规定套路二等奖；在 2016 年全国全民健身操舞广东赛区比赛中获得花球高中组二等奖；在 2016 年全国全民健身操舞广东赛区比赛中获得 hiphop 规定套路一等奖，并晋级 2015 年全国全民健身操舞青岛全国赛；在 2016 年全国全民健身操舞广东赛区比赛中获得 street jazz 规定套路二等奖；在肯德基广州市青少年校园健身操啦啦操大赛中获得啦啦操规定套路提高套路一等奖（高中组成员）；在肯德基广州市青少年校园健身操啦啦操大赛中获得啦啦操规定套路提高套路一等奖（初中组成员）；在 2016 年广州市中职学生街舞比赛中获三等奖。

　　M-star 啦啦操与街舞社团让全体成员感受到了集体的力量和集体荣誉感。"社团是学生自发组织的群体活动，要想把社团活动搞好，仅靠个人力量是不够的，无论部分活动还是项目活动，都要依靠团队的力量，需要所有的社团成员分工合作，这就提高了社团成员的团队合作意识，锻炼了大家的团队合作能力和人际交往能力。一根筷子轻易就能被折断，十根筷子能够牢牢抱成团，现代社会越来越注重团队协作能力。M-star 啦啦队与街舞社团不仅可以让学生学会一技之长，还可以让学生在每一次的团队战斗中赢得友谊和荣誉。我们相信，未来是掌握在我们手中的。"一名社团成员说。

　　杨燕老师说，平时都是社团的学生自发地训练，自己只是加以技术性的指导，只有在需要参加比赛的时候，她才会带大家一起训练。M-star 啦啦操与街舞社团的成立，大大丰富了东涌中学的社团生活，让学生们的身心、品格都得到锻炼。

M-star 啦啦队

第六章

沁润篇：
文化润校　精神育人

加拿大著名学者、幽默散文家斯蒂芬·利考克教授在《我见之牛津》中深有感触地说："对学生真正有价值的东西，是他周围的环境。"校园文化作为一种教育力量，对学生的健康成长有着巨大的影响。东涌中学的"润泽教育"追求润物无声的境界，以"水乡文化"为特色，以"承载岭南校园文化特色，营造书香校园育人环境"为目标，通过文化润校，以渗透浸润的方式陶冶师生的情操，构筑师生健康的人格，提高全校师生的精神素养与人文情怀。

一、建筑文化：拓宽视野，陶情励志

建筑是"凝固的音乐"，是"石头写的史书"，是"木头写的诗歌"。校园建筑是校园物质文化的重要组成部分，承载着文化育人的重要使命。校园主体建筑鲜明地体现了学校的办学品位、文化传统和独特的教育理念，它是一所学校最具特色的标志，深刻、稳定地体现了一个校园的共同价值、理想和情操。美好的校园建筑不仅有利于提升人的精神愉悦感，还可以促使人逐步形成良好的道德品行、行为模式和价值观、审美观以及科学的思维模式。

(一)文化渗透，细节之美

步入东涌中学的大门，朴实的崇德楼向人展示着东中人的内秀，"崇德"之名体现着东涌中学"立志尚德"的校训。

学校里的所有建筑都是统一的风格，不求华丽夺目，但求内秀于心，体现着朴实、严谨之美。

校内所有楼宇、道路的名字中都融合了学校"知行合一，止于至善"的学校精神与"以人为本，求实发展"的办学理念，如笃信楼、博学楼、崇德楼、敏行楼，思远大道、天健路、厉行路等。每一个名称的背后都深含文化底蕴。

学校在楼内的每条长廊上都做了文化布置。一楼的主干长廊上方是英汉双语的名言警句和彩色喷画，旁侧的廊柱上悬挂的是高中优秀毕业生的照片及座右铭。环绕地理园和德润园的是初中优秀毕业生的照片和励志名言，以及关于青春期心理健康教育内容的宣传挂图。

在二楼、三楼、四楼、五楼的廊道，学校分别以世界建筑艺术、中国书画艺术、学生书法作品、学生剪纸艺术等为主题进行布置。这些艺术作品拓宽了学生的视野，让学生在耳濡目染中接受艺术的熏陶，起到了潜移默化的教育作用。

（二）文化内涵，润物无声

学校的大舞台体现了岭南建筑的特点，所有楼宇、道路的命名都被赋予了丰富的内涵，这些名称将学校"润物无声"的育人理念和"以人为本、求实发展"的办学理念融入其中，古朴典雅，励志陶情，承载了学校的人文精神，营造了浓郁的文化氛围。

东涌中学楼宇、道路命名释义

命名对象	命名	释义
高中教学楼	笃信楼	"笃"是忠实、忠诚、专一之意，如"博学之，审问之，慎思之，明辨之，笃行之"。"信"涉及做人、做事、交友、治国等方面的伦理范畴。"笃信好学"中的信，指的是"信仰""信念""信心"之意。"笃信好学"，意指对道德和事业抱有坚定的信心，并勤奋学习，是谓"笃信楼"和"博学楼"。
初中教学楼（二）	博学楼	
行政楼	崇德楼	"崇"本义是"山大而高"，在此有"尊崇、推崇、提倡"之意。以"崇德"命名行政楼，暗含我校"尚德"的校训，表明了学校教育以德为先的基本思想，也蕴含着"学校行政人员要有光明之德"之意。
实验楼（一）	敏行楼	《论语》："君子讷于言而敏于行。"以此命名意在勉励学生勤于实践，在实践中寻求真理。
实验楼（二）	格物楼	"格物"，语出《礼记·大学》："致知在格物。"本句意为：要获取知识必须探究事物的原理。明王鏊《震泽长语·经传》："盖知物之本末始终，而造能得之地，是格物之义也。"可见格物之义，就是推究事物原理。"格物"一词在清代末期又指从西方传入中国的自然科学（即指物理、化学、生物等学科）。清末朝廷还称讲授物理、化学、生物等自然科学的学堂为格物院。此名既包含古色古香的本义，又包含从西方引入的新义。

续表

命名对象	命名	释义
初三教学楼	悟真楼	"悟真"即体悟真知，意在激励学生善于感悟生活，勇于追求真理。
综合楼	求实楼	取意于"严谨、求实、团结、进取"的精神。
高三教学楼	致远楼	取意于诸葛亮《诫子篇》中"静以修身，俭以养德，非淡泊无以明志，非宁静无以致远"的叮咛。以此命名高三教学楼，也预示着广大学子在这里学习后奔向远大前程的美好愿景。
阶梯室	弘礼楼	礼，仪也。语出《论语·泰伯》："兴于诗，立于礼，成于乐"。弘礼指将中国的传统礼仪发扬光大。此处用于劝勉东涌中学的学生认真学习中国传统礼仪，做知书达礼的文明人。
男生公寓楼	子衿楼	《诗经·郑风·子衿》："青青子衿，悠悠我心。"衿，指衣领。古代男学生的衣服一律是青色衣领。子衿，学子之代谓也。
女生公寓楼	蕙兰楼	蕙兰，香草名，意出《离骚》，借指女生。

二、园林文化：美育树人，净化心境

校园的园林景观是文化精神传承的重要载体，它能够提升学生的文化素养，塑造良好的精神风貌。

学校的园林是全校师生休闲娱乐、学习和交流的室外空间，可以营造学校的文化氛围，提升学校的文化品位，对学生进行审美教育，让他们领悟到大自然的神奇与美妙，愉悦学生心智，使学生生发对生命的尊重、敬畏与热爱之情。

学校的园林是无声的课堂，对学生的性格培养起着潜移默化的作用。

(一)幽雅园林，润泽心灵

东涌中学有着花园般的校园环境，师生们每天都可以徜徉在诗意的环境里。步入校园，举目可见碧草如茵，绿树环绕，鸟语花香，幽雅精致。

春天，这里桃李芬芳，玉兰吐艳，木棉似火；夏天，这里紫薇炫目，紫荆落英，荷花独放；秋天，这里丹桂飘香，茶花献彩，金菊傲霜；冬天，这里水仙绽放，梅花迎寒。校园里还种有大榕树、相思树、南洋杉、铁冬青、秋枫、香樟、人面子、凤凰木等。

学校在地理园内、生物园添置了巨石景观，融入赏石文化，并且修建了大型的养鱼池。美丽的锦鲤畅游其间，让人联想到庄子关于人鱼对话的故事，给校园增添了灵动的色彩。

学校新建了独具岭南特色的怡心雅境、桃李园、德润园、聚贤林和德馨园、紫荆园、英雄园等。学校在广场周围、大堂前面、地理园、体育馆旁都摆放了大量盆景，它们构成了幅幅鲜活的艺术图画，营造出浓郁的诗意氛围。

校园里长年花开，绿树常青，形成了一个有机的整体，为全校师生提供了一处处人与人、人与环境、人与自然进行对话、交流的优雅场所，是师生们读书、休闲、赏景、养心的好去处。

(二)文化韵味，各有出处

学校内建有一场、两林、十园、一长廊，分别是聚贤广场，校友林、聚贤林，桃李园、德润园、怡心园、锦心园、德馨园、砺园、琢园、英雄园、桂园、紫荆园，怡心雅境长廊，既有岭南特色的亭台流水花木，又有古色古香的对联，处处体现着"润物无声"的文化理念。校园的每一处园林命名都别出心裁，自有来历。

东涌中学广场园林命名释义

命名对象	命名	释义
正门广场	聚贤广场	蕴含"聚天下英才而教之"之意，也符合广场的特点与用途。

续表

命名对象	命名	释义
博学楼和弘礼楼之间	校友林	东中校友，感怀母校钟灵毓秀，沐浴师恩春风化雨，于校西南一隅，种植樟树等乔木，唯愿母校如万木吐翠，必长青。
正门广场内树林	聚贤林	该处树林位于聚贤广场，聚集了铁冬青、秋枫、香樟、人面子、凤凰木、麻楝、石栗、波罗蜜、盆架子、榕树、蒲桃等乔木精英，又蕴含"广聚各类贤才"之意。
悟真楼前园	桃李园	古人用桃树和李树比喻所培养的优秀人才，用"桃李满天下"来比喻一个人到处都有学生。"桃李园"寓指学校英才辈出，为社会造就大批栋梁之材，同时与园中种植的许多桃树与李树也十分吻合。
明德楼侧园	德润园	学校育人，重在养德，德高方能滋润万物，德盛方能造福一方。剑芬女士、润财先生慈善好施，可谓德高者。世上只有高尚的道德可以滋养身心，使人散发出迷人馨香。以"德润"名园，端庄典雅，既教育学生重德，亦在称颂剑芬女士、润财先生之盛德。（润财先生、剑芬女士为捐赠德润园的联合纸制品有限公司董事长的父母）
悟真楼后园	怡心园	由怡心雅境这一长廊而得名。
崇德楼前园	锦心园	该园系锦兴公司捐助修建，取名"锦心"，谐其音，既包含"锦心绣口"的美好寓意，也与"怡心"园相呼应。
崇德楼后园	德馨园	刘禹锡云"惟吾德馨"，足见世间有"德"者得人才，有"德"者得天下。"德"是馨香的啊！园内建有东涌中学捐资助学芳名录。它与崇德楼、明德楼相邻，左右呼应，互补对称。以此为名目的是教育学生重德，亦在教育学生记住前贤德泽，发愤学习，报效乡梓。

153

命名对象	命名	释义
后门右侧园	砺园	"砺"指粗磨刀石，引申为"磨练、锻炼、激励、勉励"的意思。以"砺园"命名是勉励学生要勇于接受挑战，不断磨炼自己，成为更加优秀的人。
后门左侧园	琢园	取意于《礼记》："玉不琢，不成器；人不学，不知义。"寓指学校对学生品行的教化之功。
笃信楼南侧园	英雄园	因种英雄树而得名，同时也蕴含"鼓励学生向英雄学习"之意。
体育馆后园	桂园	因遍种桂花而得名，也鼓励学生蟾宫折桂。
明德楼侧园	紫荆园	因遍种紫荆花而得名。
悟真楼后绿色长廊	怡心雅境长廊	该长廊下有长凳可憩，中有楹联可品，上有多种常绿藤本花卉可赏，环境幽雅，正是读书、休闲、怡心、养性的理想场所。

(三)诗意校园，如歌岁月

陈伟同学说，在学校的园林中，他最喜欢的就是那片紫荆园。因为当他紧张地踏入中考的考场时，抬眼看到了窗外那片正开得灿烂的紫荆花，紧张的情绪得到了缓和。粉色、红色的花瓣缀满枝头，不争不语，默默绽放自己的生命。他牢牢记住了那片灿烂的紫荆花。有时候放了学，他会特意去那片紫荆园，欣赏盛开的紫荆花。

每年临近高考时，为了缓解考前的焦虑情绪，调整心态，都会有不少备考的学子们利用课余时间，或步入紫荆园，闻鸟语花香；或亲临地理园观鱼翔浅底，感受鱼儿的盎然生机；或走进生物园观菱叶萦波，闻一闻荷叶的清香；或踏入耕读园里品韵寻幽。

每一个在这里奋斗过、拼搏过的莘莘学子，每一位在这里潜心治教的教师，都曾在这里留下过美丽的身影。这一片诗意的园林会成为东中师生生命中永远难忘的记忆。

校园里美丽的紫荆花

三、水乡文化：岭南风情，深厚底蕴

东涌中学着力于传承"淳朴、包容、合作、创新"的水乡文化精神，以"润泽教育"为主题，围绕"水乡新韵"特色课程开展形式多样的教育活动，把水乡文化贯穿到教学之中，让学生能够认识水乡，了解水乡的文化和水乡人的精神特质，继承水乡人的优秀品质，传承水乡文化，走出水乡后能够获得发展的新天地。

学校围绕这一主题，在环境建设中做了整体规划，把"水乡文化"特色融入各个物象中。

（一）水乡雕塑，寓意深长

水乡雕塑"涌"位于学校正门聚贤广场，形象优美，寓意丰富，是学校的标志性建筑。塑像正面刻有行书雕塑名"涌"字，背面有隶书"雕塑记"。

东涌中学雕塑记

自丁丑乔迁新址以来，东涌中学由区级到市级再到省级，一年一跨越，质量日高，声誉日隆，面貌日新。丙戌夏日，增修楼宇，整饰校园，于正门大堂之前塑像原址改立新雕塑，名之曰涌。此雕塑也，石基钢质，造型优美，寓意丰赡，名为涌者，音有两读，意有三端。涌（读chōng）寓校名，言其形若旭日涌现于东方之地平线，此其一也。其二读若冲，粤语所谓水之积聚处也。观像之形，若双手之拥日，似张臂之迎客。东涌中学处南粤形胜之地，都会之所，地灵人杰，校园既美，贤师又多，政通人和，聚天下英才而教之，不亦宜乎？塑像又若双手之捧心，若大鹏之振翅，恰暗寓教育之奥义，学校之前程，此其三也。捧着一颗心来，献出一份挚爱，学子心中就能涌出几多智慧，菁菁校园就能涌出代代真才！是为记。丁亥年夏（公元二〇〇七年九月）

校园雕塑

（二）耕读文化，岭南风情

学校以耕读文化为主题，在图书馆后打造了具有岭南风情的耕读文化展示园，它在"粤美校园微景观"校园文化景观评选活动中获奖。

耕读文化在中国传承已久，最早可以追溯到春秋战国时期。中国的封建社会有两种传统看法，一种是以儒家为代表的"万般皆下品，唯有读书高"，看不起农业劳动，看不起劳动人民；另一种提倡"耕读传家"，以耕读为荣，敢于冲破儒家的传统。南北朝以后出现的家教类书籍多数都有耕读结合的劝导。例如，《颜氏家训》中就提出要当稼而食，桑麻而衣。张履祥则在《训子语》里说："读而废耕，饥寒交至；耕而废读，礼仪遂亡。"

中国的耕读文化孕育了众多的农学家，对中国古代哲学的天地人相统一的宇宙观和知行统一的知识论的形成起了积极作用。

后世知识分子逐渐认识到耕读文化的意义，他们通过耕读，接近生产实践，接近农民，写出了一定程度上反映农村生活、反映农民喜怒哀乐的作品，田园诗就是耕读文化的产物。例如，晋代的陶渊明辞官后过了二十多年的耕读生活，写了《归去来兮辞》《归田园居》等著名诗篇。宋代的辛弃疾把江西上饶带湖的新居命名为"稼轩"，自号稼轩居士，意他日释位后归，必躬耕于是，故凭高作屋下临之，是为稼轩。

"耕"可以事稼穑，丰五谷，养家糊口，以立性命；"读"可以知诗书，达礼义，修身养性，以立高德。"耕"提供着物质，支撑着精神，提升着心灵。"读"更多的是一种精神生活，是一种认识世界的方式，是实践上升的理论学习，是指导实践不可或缺的环节。因此，"耕"和"读"是不可分的，它是人的两面，是需求的两面。

耕读文化与学校"知行合一"的精神，包含着丰富的文化内涵。"读"是知，主要是精神文化，对于中学生而言更多的是指接受间接经验；"耕"是"行"，主要是物质文化，更多体现的是直接经验。学生要成为全面发展的人，需要知诗书、达礼义，事稼穑、立性命，物质文明和精神文明双丰收。

东涌中学的耕读园以岭南文化为主题，以水乡风情为特色，诠释着八百年沧海桑田的水乡小镇上一所中学的追求与向往。耕读园主要有以下几个特色：

第一，岭南建筑。耕读园建筑中，既有体现与南方气候相适应的轻巧透光、形成窗景的围墙，又有兼容北方文化的亭台楼阁，还有体现海洋文化就地取材的蚝墙等。

第二，对联文化。耕读园入口处有对联：二字格言勤与俭，两行正业读和耕。园内知行亭有对联：风移柳影迎素月，鱼动波心送荷香。这两副对联是著名电影表演艺术家、周恩来特型演员王铁成先生亲自撰写的。知行亭北侧和耕读园东入口等处，还有一些本地书法家的墨宝。

第三，农耕记忆。耕读园采用大石条、青砖等铺路，有水井、石磨、石椿，石座、小渔船等众多岭南水乡记忆的物质载体。

第四，水乡风情。园内亭台楼阁，荷香鱼戏，百花争艳，皱漏透瘦的太湖石、天然成画的黄河石姿态各异，浑然天成。穿行园内，我们可以充分感受岭南海洋文化开放进取、兼容并包的特点，恍惚又置身于文人墨客魂牵梦萦的江南水乡。

第五，阅读环境。在生物多样、人文气息浓厚的环境中，学校特别用天然石凳、石桌等，营造了多处读书的环境，学生置身其中，耕读并重，知行合一。

耕读园属于开放式特色文化展示园，布局巧妙，展示了岭南特色水乡风情文化，成为学生热爱家乡的教育基地。

耕读园

第七章

荣润篇：
铸造辉煌　追求卓越

荣润意指光华润泽，语出《三国志·蜀志·郤正传》："初升高冈，终陨幽壑。朝含荣润，夕为枯魄。"它喻指东涌中学的办学成绩辉煌、卓著。

"知行合一，止于至善"这种精神体现在学校管理上，就是要达到最佳管理，把学校办成一流的学校。

学校自 2001 年参加高考以来，成绩不断攀升，连续 13 年获得广州市普通高中毕业班工作二等奖，2014 年获得广州市普通高中毕业班工作一等奖。学校自被划入南沙区以来，每年均获得南沙区高中毕业班工作一等奖。2018 年，学校被认定为"广州市示范性普通高中"，成为区域中颇具影响力的优质学校。

一、领导关怀，硕果盈枝

在南沙区委、区政府、区教育局以及东涌镇委、镇政府的关心与支持下，乘着南沙区教育国际化和创建推进教育现代化先进区的东风，东涌中学秉承"知行合一、止于至善"的精神，践行"尚真尚美、惟博惟用"的教学理念，屡创佳绩，先后获得"广东省普通高中教学水平优秀学校""广东省绿色学校"等众多荣誉。

（一）上级关怀，煦日朗照

长期以来，各级党委、政府的高度重视和大力支持，为东涌中学的高品质发展奠定了坚实基础。

自 2012 年年底区域规划调整以来，随着南沙区教育国际化和创建推进教育现代化先进区工作的开展，南沙区委、区政府和区教育局把东涌中学的发展纳入新区发展整体规划，提出要创建国家级示范性高中。

广州市委常委、南沙区委书记丁红都，南沙区委副书记钟华英，南沙区委宣传部部长龚红，南沙区政府副区长余若兰，南沙区教育局局长李爱华等领导多次到学校视察，协调解决学校有关问题。省、市、区教育督导室领导也多次到学校视察指导，提出整改意见。

为了实现南沙区"一南一北"两所国家级示范性高中的战略布局，区、镇相关部门开通绿色通道，完成了创建示范性高中的前期规划、申报准备工作，完成了高中扩招等工作。

南沙区委区政府投入近 300 万元，完成了国家级定点考场建设，为学校考生参加高考创造了良好的条件。

东涌镇党政领导每年都会到校调研，为学校发展排忧解难。

东涌镇委镇政府将把东涌中学创建为国家级示范性高中作为镇优质教育工程的重点内容和民生实事重点督办。镇教育指导中心多次督导，全面推进。党委政府和各级领导的重视与支持，为东涌中学成为国家级示范性高中提供了强有力的组织保障。

(二)屡获殊荣，硕果盈枝

在上级领导的关怀与全校师生的努力下，东涌中学的教学工作硕果累累，成绩斐然，赢得了众多的荣誉。

多年来，学校积极推进素质教育，不断提高课堂效率，教学成绩节节高升。2009年，学校以高分好评顺利通过广东省普通高中教学水平评估，获得"优秀学校"称号。学校高考成绩连年突破，到2014年，高考本科率已经达到69.1%，并获得了"广州市普通高中毕业班工作一等奖"。2015年，本科上线率为61.3%。2016年，本科上线率为73.4%，上线人数比例远超广州市预测指标。

学校屡获"南沙区高中毕业班工作一等奖"，被评为"东涌镇高考成绩优秀学校"。2016—2017年，每个学科都至少获得"广州市高考突出贡献奖"一次。政治、化学、语文、物理、生物、体育、信息技术等科组被评为"广州市优秀科组"。2016—2019年，教师获得的各级各类奖励共计792人次，学生获得的各级各类奖励共计2800人次。

在中考方面，2016年，学校中考成绩排在南沙区的前列。

2005年1月，东涌中学被评为"广东省一级学校"，又先后被评为"广州市依法治校示范学校""广东省普通高中教学水平优秀学校""广东省绿色学校"，完成了一个又一个跨越。

近年来，学校先后获得"广州市教育装备管理工作先进学校""广州市青少年科技体育教育工作先进单位""广州市优秀家长学校""广州亚运会亚残运会先进集体""南沙区创先争优先进基层党组织"等称号，获得"2011年海峡两岸暨香港校园大自然快乐操观摩交流会"最佳感恩奖，"第六届世界青年大自然之舞观摩赛"最佳和谐奖，"第二十届'明天小小科学家'广州市中小学生科技教育体验活动"中学组综合团体一等奖，"广东省第四届'小小科学家'少年儿童科学教育体验活动示范学校"称号，"第四届广佛肇教师校本行动研究暨第九届(2013)广州市校本研究与教师发展学术研讨会"优秀组织奖等集体荣誉。

(三)扩大交流，声誉日隆

东涌中学积极扩大校际交流，提高学校的知名度和影响力，长期与香港胡陈金枝中学、澳门广大中学等十几所学校开展互访交流活动，相互在学校的管理、文化建设、毕业班工作等方面提供有益的借鉴。

学校积极举办教学开放日等各类教学研讨活动，邀请兄弟学校到校交流研讨，如每学期都会举行一次教学开放日活动，主动发函邀请兄弟学校的教师到校交流。学校充分发挥本校各级各类名师、南沙区学科带头人、特约教研员的教育教学示范作用，每年让他们为兄弟学校提供示范课、观摩课和教研课，教授教师继续教育课程。由本校教师主编或参与编写的教辅资料，被许多学校采用，反映良好。

学校还与区内的珠江中学结为对口帮扶学校，经常外派骨干教师前去辅导，选拔学校优秀教师同该校教师结对并给予指导，共享教育信息和资源，请该校教师到校观摩学习，实现帮扶共赢。同时，学校还长期与镇内的鱼窝头中学在教学科研、毕业班备考、学校管理与校园文化建设等方面开展广泛的交流，促进了双方的发展。

突出的成绩让学校树立了良好的社会声誉，广东省教育厅、广东省教育厅督导室、广东省环保宣教中心、广州市教育局、广州市教育局督导室、南沙区教育局的领导也多次到校视察，对学校的建设和发展给予了高度评价。社会贤达也纷纷捐助学校建设。东涌中学被并入南沙区以后，广东卫视、南沙电视台等媒体也对学校做了特别报道，南沙区的学子也纷纷报考本校，东涌中学成为学子热烈追捧的大学摇篮。

二、校友风采，东中骄傲

黄志远校长说，好的教育应该是健全的教育、全员的教育、阳光的教育、幸福的教育。东涌中学培养出很多品学兼优的学生，他们进入大学校园，接受高等教育，走进社会，实现自己的价值。东涌中学培养出大批人才，他们有自己的生活，拥有自己的能力，具备自己的个性，获得了属于自己的幸福。他们在东涌中学度过了美好的青春年华，发展成为淳朴包容、合作创新、身心和谐、情趣高雅、志向远大、视野广阔的新时代人才。

东涌中学的历届校友当中，有杰出的人才代表，也有在平凡岗位上默默奉献的普通人。他们都是东涌中学的骄傲。对母校，他们怀着深深的眷恋与感激之情。

(一)学会坚持，全力以赴

梁锡根是东涌中学 2005 届的学生，现任中滔环保集团龙门县西林水质净化有限公司副总经理。回忆起在东涌中学求学的那六年时光，梁锡根将其总结为一句话："那些年的求学经历让我懂得什么是善良，什么是坚持，什么是全力以赴。"

我在东涌中学的那些年、那些人、那些事

几天前，我接到了母校东涌中学刘主任的电话，说让我回忆一下中学时代的求学经历。我有点惊讶，也有点感动，毕竟自 2005 年高中毕业至今已经有十几年了，没想到老师们依然还惦念着我这个学生。

说实在的，过去了这么多年，中学时期的许多记忆都已经模糊了，自己也不再是那个"两耳不闻窗外事，一心只读圣贤书"的毛头小子。本以为对中学的那些人、那些事都很难再清晰地说出个一二来，但就在这夜深人静时，心中那个曾经熟悉的声音在咆哮：今日我以东中为荣，他日东中以我为傲！是的，在东涌中学的那六年，自己虽懵懂、不谙世事，却充满理想，充满激情，打心底热爱自己的学校，渴望通过自己的努力能为学校的发展添砖加瓦。那些年的求学经历让我懂得什么是善良，什么是坚持，什么是全力以赴。

一、"人，至少学会善良"

初中时，我们班的政治老师姓欧，是个刚大学毕业没多久的年轻女

孩，她也是我们的班主任，不管是讲课还是处理班务，都特别有热情而且认真。当然，在我们的眼里，她就是一个"烦"人，就是一个软柿子。那时可能也是因为处于叛逆期，班里的同学有事没事都爱"欺负"她，其实也就是觉着好玩，并没有恶意。欧老师也没怎么跟我们计较。不过有好几次，班里的同学看见她一个人在办公室里掉眼泪。有一回，可能真的是我们过分了，欧老师上着课就哭了，当着我们的面哭了，那也是我印象中欧老师唯一一次当着我们的面哭。其实当时我们应该吓坏了，整个教室安静了。她看我们不吭声了，哽咽着说："你们以后会变成什么样的人，我不知道，但我希望你们记住老师的一句话，人，至少学会善良。不管你现在学习成绩怎样，也不管你以后挣的钱多还是钱少，至少保持你的善良。现在继续上课。"那一堂课是我们初中上过的最专心的一节政治课。

是的，人，至少学会善良。记得初中班的数学老师，出了名的严厉，批评学生从不留情，但却经常悄悄自掏腰包为经济困难的学生购置学习用品。还记得，某天晚自修后，那位酷酷的英语老师扛着一箱方便面，在楼梯间"逮"着我，让我把方便面带回宿舍去"充饥"，并不忘嘱咐：要跟舍友分享，也不要多吃，这东西容易上火……

二、"世上最怕的就是坚持二字"

2002 年 9 月，我入读东涌中学高中部。那时大学毕业后已经不包分配了，大学生也不再是什么天之骄子，相当一部分大学生毕业就意味着失业。在这样的背景下，很多高中学生对未来感到迷茫、恐惧：会不会高中拼搏三年仍旧考不上好的大学？大学毕业后会不会很难找到工作？会不会毕业就意味着失业？

为了让我们更好地了解丰富多彩的大学生活，坚定考取理想大学的信念，抛开不必要的思想负担，学校组织我们去中山大学南校区进行为期一天的参观学习活动。说实话，至今我都忘不了，下车后，映入眼帘的生机盎然的绿色大草坪，太漂亮了！在中山大学学生导游的带领下，我们漫步中山大学校园，路过"广寒宫"，驻足孙中山铜像前，流连惺亭下……总感觉，这个校园里有着很特别很特别的东西，这东西直往人的心里钻，当时我们却无法用言语表达。

参观即将结束时，当时带队的黄志远老师动情地说道："同学们，今天大家参观完中山大学后，是不是对大学、对大学生活有了更多的了解、更多的向往？我希望大家从今天起，能给自己定一个目标，用努力、用坚持去实现自己的目标。要知道，世上最怕的就是'坚持'二字。衷心祝愿同学们考上理想的大学。"当时我的心里就刻上了一个名字：中山大学。

高中三年，无疑是拼搏奋斗的三年，也是朝着目标坚持不懈的三年。那时的坚持，那时的执着，不光是我一个人的坚持，一个人的执着，更是整个班级、整个年级，甚至是整个学校的坚持和执着，每念及此，我就豪情满怀，奋然前行。

三、"既然已经开始了，那就全力以赴吧"

高考前一天晚上，我既兴奋又紧张，更多的是兴奋。那一晚，兴奋的我和几个舍友进行了三年来最热烈的卧谈会，畅谈着高考后的暑假要做什么，畅谈着未来的大学生活是什么样的。

第二天的早上，我信心满满地踏入了高考的考场。对于语文和数学这两科，我是志在必得。或许是太在意得失了，或许是有点紧张了，我感觉，语文和数学这两科考砸了，至少没有发挥出平时的水平。

第一天的考试结束后，我的心情是低落的。我变得有点忐忑不安。毕竟在拿手的科目上没发挥好，心里总是不踏实。我漫无目的地走在学校操场的跑道上，突然看到了一个人。我茫然地望向那个人，眼神应该是空洞洞的那种。那人竟是当时的中学校长——戴校长。戴校长把我拉到一旁的草坪上，问我是不是有什么心事。我把第一天的考试情况如实告诉了他。他听后，安慰我说道："考完的科目，想它也没用，还是收拾心情，调节情绪，把心思放在明天的考试上吧。"我苦涩地笑了笑。他继续说道："总有一些情况是我们所无法把控的，尽力就好。不，应该是全力以赴就好。我知道高考对于你们来说意味着什么。你们拼搏三年，为的就是这一刻。既然已经开始了，那就全力以赴吧，至少不要给自己的青春留下什么遗憾……"戴校长就那么坐在草坪上，和我聊了很久。我只记得，接下来的科目考试，我真的尽力了，应该说是全力以赴了。

以上就是我印象比较深刻的几个中学生活片段，平淡、平凡，却又让我心中充满感动。

直至今天，我仍然以东涌中学为荣，依然感谢我的恩师们。中学六年，我在东涌中学学到的不仅是知识，更多的是做人的道理。

现在我步入社会工作已经有八个年头了，谈不上什么成就，只是坚持在环保这个行业里干，全力以赴地去干。应该说，自己也还是多少有那么一点理想吧。目前在中滔环保集团惠州龙门的分公司干着一线现场的管理工作，也算是分公司这边的一个中层管理人员吧。跟东涌中学杰出校友所取得的成绩相比，我这点成绩也就是萤火之光罢了，实在是微不足道。（梁锡根于 2017 年）

2005 届校友梁锡根

（二）感恩母校，成就自我

郭玉英是东涌中学 2014 届的毕业生，在当年的高考中取得了优异的成绩，成为南沙区高考文科状元。回忆起在东涌中学的生活，郭玉英说，六年中自己收获了许多，包括文化知识、能力技能、良师益友，等等，他们成就了更好的自己。

感恩有您，遇见更好的自己

时光匆匆，我已经高中毕业快三年了。回首往日，我越来越感恩东涌中学和我的老师给予我的一切，在这所学校里我变成了更好的自己。

从2008年到2014年，从初中到高中，我在东涌中学收获了很多东西——文化知识、能力技能、良师益友，等等。踏入大学这个小型社会后，随着社会阅历的逐渐丰富，我更是清晰地体会到，我在母校学到的东西和培养的技能对我的发展到底有多大的影响。

首先是表达沟通能力的提升。犹记得刚刚从小学升入初中时，我不太会表达自己的想法，在很多情况下若不是老师提问，我几乎不会在同学们面前表达我的观点。由于担任科代表、班长等职务，我需要去传递表达的机会很多。在很多情况下，我需要传递老师们的指示，也要向老师反馈同学们的情况，还需要说服大家进行一些活动。慢慢地，我开始学会如何去准确得体地表达自己的想法，去与人沟通，去说服他人。

到高中的时候，老师给我机会，让我站在讲台上讲话，或者在更多人面前发表演讲。有时我也需要和同学们谈谈话，或是为了化解同学们的矛盾，或是为了安慰情绪低落的同学。在日常锻炼中我的表达沟通能力渐渐提升，也知道了该如何运用讲话技巧以达到不同的效果。

其次是组织活动能力的培养。班里总会有大大小小的活动，我就是在组织班务活动中慢慢培养了自己的组织能力。在根据老师的安排来动员同学们行动或是与班委一起组织各种各样的活动中，我逐渐摸索出该如何合理组织人员、分配工作，该如何协调各方，从而积累了应对活动中遇到的各种问题的经验。

之前我并不知道这些技能有多么重要，也没有留意我所获得的这些能力对我有什么影响。在迈入大学校门以后，我才知道我从这些技能中获益良多。例如，在参加学生会面试时，我可以很自信地报告小组讨论的方案，自信地回答师兄师姐们的提问，简明精练地陈述自己的观点。

在之后的部门工作中，我也能够和其他部门成员合作组织小到几百人的讲座、大到几千人的活动，可以在面对突发情况时做好应急工作，当副部长以后能够做好管理工作，同时又和干事们结下了深厚友谊。

在暑期实习时我也能体会到这些技能对我的帮助。面对法院的同事、律师事务所的律师、到庭的当事人，我可以比较好地运用不同的话语体系与其沟通，使得双方可以顺利对话并达成统一意见。这些能力、技能是母校给予我的很宝贵的东西，使我未来能有更好的成长与发展资本。

更可贵的是，在这六年的时光里，在老师和同学的影响与陪伴下，我严格要求自己，立志成为一个勤奋、善良、脚踏实地、积极乐观、有责任感、懂得感恩的人。

感恩那些和同学们一起奋斗的日子，那些在老师的悉心教育下拼搏的日子，那些自己不断战胜困难成长的日子，它们是如此珍贵和难忘。

相信，无论将来身在何处，每一个东涌中学的学子，都会不忘初心，铭记母校老师的教导，严格要求自己，成为更好的自己！（郭玉英于 2017 年）

2014 届校友郭玉英

三、砥砺前行，健行不息

"雄关漫道真如铁，如今迈步从头越"，东涌中学走过了五十年的办学历程，今日发展成为南沙区有影响力的学校。未来，东涌中学会乘着基础教育国际化的东风，紧紧抓住创建国家级示范性高中这一契机，抓好学校硬件建设，注重促进学校内涵发展，加大力度推进现代学校管理体制建设，深化教育科研工作，狠抓课堂教学改革，深入研究和开发具有地方特色的校本课程，构建起科学的课程体系，按照"机制活、发展快、质量高、效益好"的要求，努力把东涌中学办成一所"环境幽雅、特色鲜明、业绩显著、享有盛誉"的国家级示范性中学。

（一）面向国际，打造品牌

教育国际化是经济全球化发展的客观要求，南沙区是全国基础教育国际化示范实验区，确立了"凭高而立，向海而生"的国际化理念，探索出"0～23岁全程成长无忧"的国际化人才培养路径。"十三五"期间，南沙区将发挥地缘优势和政策优势，大力引进国内外优质教育资源，引进高端教育人才；借力教育部基础教育课程教材发展中心，深入推进课程领导力、"深度学习"教学改革和校本教研项目，构建区域教育质量综合评价体系——"阳光评价"体系，全面提升教师的国际化、专业化水平；推广学校特色项目，打造区域特色学校；坚持立德树人，以世界为课本，整合世界优质教育"智"源，致力于"南沙心"与"世界情"的有机结合，"中国梦"与"教育梦"的完美统一，培养具有民族情怀、国际通识以及国际竞争力的人才。

东涌中学将借着南沙区教育国际化的发展机遇，在取得规模效应和不断提升整体质量的同时，用现代学校管理思想来统领学校管理工作，特别是加强常规的规范管理，面向国际，进一步开展岭南水乡校园文化建设，不断丰富办学思想的内涵，形成更具鲜明时代气息的办学特色，打造品牌教育。

(二)培养名师，专业发展

教师专业化是提高学校教育质量的关键，是教育改革的原动力，是提高学校凝聚力的核心要素，是学生发展的根本保障。

东涌中学的教师团队中有很多青年教师，他们精力充沛，工作热情高，但经验欠缺，学校坚持对青年教师高标准、严要求，鼓励他们与经验丰富的教师结对子，敦促他们多请教，多倾听，多实践，引导他们构建具有现代教育理念特征的课堂教学新模式。学校针对各教师的实际情况，帮他们制订成长计划，适当给他们压担子，分配任务，积极提供发展平台和锻炼机会，搞好"名师工程"和"青年教师成长工程"，大力打造一支专业化的教师队伍。

(三)深化科研，形成特色

教育科研能力已经成为 21 世纪教师必备的素质之一。只有提升教师科研的整体水平，教育教学才会迈上新的台阶。

东涌中学全体教师的教育科研水平发展不平衡，教育科研的深度还不够。学校需要加强教育科研的领导和管理，要调整课题布局和人员结构，形成上下联动、内外结合、相互支持、注重整体合力发挥的教育科研体系。以立项的课题为龙头，积极申报更高层次的新课题，进一步调整课题研究人员结构，壮大课题研究教师队伍，形成课题研究的"大合唱"，确保课题研究能出成果，能出好成绩，扩大影响，形成辐射，逐步形成自己的教育科研特色。

东涌中学正在朝着特色化、品牌化的路子迈进。

黄志远校长说，希望可以把东涌中学办成一个"学生愿意来，来了不愿意走，走了之后更愿意回来的地方"，一个"老师们在这里一直奋斗，直到幸福退休的地方"，希望把东涌中学办成一所名校。学校成为名校，教师们可以引以为豪，获得更多的幸福感，对学生一辈子都会有积极的影响，因为这里是他们日后引以为傲的母校。作为名校，学校师生的精神风貌、各方面的环境、育人质量在未来的三到五年内都会有很大的提升。东涌中学是南沙区重点打造的示范学校，在不久的将来，它将会有更大的进步、更好的发展。明日的东涌中学，一定会熠熠生辉，让所有东中人引以为傲！

今日的东涌中学，是历代东中人砥砺奋进、不断进取的成果。学校从前身到重办，几经辗转，东中人始终文脉承续，桃李争荣。东中人秉承着海洋文化的优良历史，辉映着东涌人时代的变迁，见证了东涌教育的发展。

生机在奋进中勃发，活力在变革中显扬。年轻的东中人，办学不断创新，追求更加高远。

东中人秉承"知行合一、止于至善"的精神，践行"尚真尚美、惟博惟用"的教学理念，从昨天凛然走来，在今天昂然前行，向明天傲然进发！

历任校长

校长	任职时间
党锐棠（女）	1969 年 7 月—1971 年 8 月
詹蒲洲 （校长兼番禺县东涌中学 "文化大革命"委员会副主任）	1971 年 9 月—1972 年 8 月
卢锡波 （校长兼番禺县东涌中学 "文化大革命"委员会主任）	1972 年 9 月—1981 年 8 月
梁赞亿	1981 年 9 月—1986 年 8 月
梁锦洪	1986 年 9 月—1997 年 11 月
黄卫强 （以副校长主持学校工作）	1997 年 11 月—2000 年 9 月
戴永祥	2000 年 9 月—2009 年 8 月
李 彤	2009 年 8 月—2015 年 4 月
黄志远	2015 年 4 月至今

东涌中学大事记

时 间	事件
1997	年初选址筹建新东涌中学，同年 9 月迁入新校址
1998	成功创办高中，东涌中学成为一所完全中学
2002.04	通过番禺区一级学校评估，被评为区一级学校
2003.11	被评为"广州市绿色学校"
2003.11	通过广州市一级学校评估，被评为市一级学校
2004.11	被授予"番禺区禁毒教育示范学校"称号
2004.12	通过广东省一级学校评估，被授予"广东省一级学校"称号
2005.03	被广州市妇联授予"巾帼文明岗"称号
2005.12	被评为"番禺区文明学校"
2007.07	获"广州市番禺区五四红旗团支部"称号
2008.03	被评为"广州市依法治校示范学校"称号
2008.06	被广州市授予"爱国卫生运动模范单位"称号
2010.12	获"广州亚运会亚残运会番禺区保障优秀单位"称号
2010.12	被评为"广州市优秀家长学校"
2011.04	被评为"2010 年度广州市青少年科技体育教育工作先进单位"
2011.07	校"红棉青年团"获 2011 年海峡两岸暨香港校园大自然快乐操观摩交流会"最佳感恩奖"
2011.07	校"南海青年团"获"舞颂天地情"世界青年大自然之舞观摩赛"最佳和谐奖"
2011.08	被评为"广州市安全文明校园"
2012.12	被评为"广东省少年儿童科学教育体验活动示范学校"
2013.06	被评为"广东省绿色学校"

续表

时间	事件
2013.12	被评为"广州市示范家长学校"
2014.11	获"广州市义务教育阶段特色学校"称号
2014.12	获广州市普通高中毕业班工作一等奖
2015.04	"水乡新韵"课程获广州市高中特色课程第一名重点立项
2015.11	获二〇一四学年度广州市普通高中毕业班工作二等奖
2016.03	被评为"广州市特色学校"
2016.09	被评为"2016年中考、高考成绩优秀学校"
2016.11	东涌中学工会成立
2016.12	通过广东省依法治校示范校评估

部分教学论文选录

关于小说《药》的课堂教学

谌清泉

一、我教小说《药》

鲁迅的小说《药》,在新课程改革之前我就教了好多遍,却始终对教学效果不太满意。今年又教《药》,提前很久就在心里揣摩,一定不能再走老路。努力尝试之后,感觉自己还是有一些收获的。

和往年要把知识点全面讲到位的想法不同,我这次立足于如何最有效地教。我计划用三个课时,因此也相应地准备了三个问题:

1.读完《药》后心理上你有什么感受?请用一个词语来表述。

2.小说讲了什么故事?

3.《药》在语言艺术方面有什么特色?

（一）第一课时

　　课前我没有要求学生预习课文，只提醒学生注意回顾一下关于鲁迅的知识。我很简单地从小说学习的基本要求导入，然后要求学生将自己订阅的参考资料上的关于《药》的写作背景的文字读了一遍，接下来我就要求学生自读课文，并在黑板上写出我的第一个问题，让学生边读边思考。在学生读书期间，我在课室巡视，解决一些学生提出的问题。20分钟以后，我才开始叫学生自由回答我提出的问题。

　　第一个学生的回答是："读了小说感到很迷惘！"我让学生说具体一点，他补充说，他不知道小说写了什么，他没有读懂。我说："好吧，继续读！"又读了5分钟，这次有学生主动起来说自己的感受了。很快，我在黑板上写满了学生的答案："迷惘、怕、同情、厌恶、恶心、愤怒、心痛、沉重、凄惨、恐怖……"

　　听了学生的回答，我很高兴，我说："大家读得很好，初步感受很准确！"然后我带领学生一起，点评了小说让读者产生这些感受的内在根据。

　　怕、恐怖——在漆黑的后半夜一个人去刑场买药，能不叫人毛骨悚然？把人血馒头当药吃不令人恐怖？想去解救穷苦大众的革命者夏瑜反被他要解救的人毒打、嘲骂，这不令人恐怖？第四节坟场上的气氛不令人恐怖？……

　　同情、心痛、沉重——华老栓忠厚、勤劳却受别人欺侮，遭遇这么多的不幸，怎能不叫人同情呢？华老栓用辛辛苦苦挣来的钱买了一包不能治病的假药，不叫人心痛吗？白发人给黑发人上坟，怎能不叫人心痛？夏瑜的革命行动不被一般群众理解，甚至连自己的母亲都全然不理解，怎能不叫人备感沉重？……

　　厌恶、恶心——人血当药卖，当药吃，怎能不叫人厌恶、恶心？刽子手的嘴脸不令人厌恶？茶馆里茶客的庸俗与无聊不令人恶心？……

　　愤怒——统治者对革命的残酷镇压以及封建统治者的帮凶残害革命者的行径怎能不令人愤怒？……

凄惨——华老栓一家和夏瑜一家的遭遇难道还不凄惨？

……

听了我简单的点评，学生不仅明白了产生这些感受的内在根据，而且通过梳理小说内容，还明白了一个道理：一千个读者允许有一千个哈姆雷特！看到学生们情绪高涨，我趁势要求学生课后继续思考，并寻找自己还没有发现的问题。

（二）第二课时

第二节课我分三步走。

第一步，我用两分钟时间导入，主要是总结上节课内容，然后在黑板上写下第二个问题，要求学生在练习本上用简洁的文字概括小说内容，而后让学生分小组讨论后发言。学生都能说出华家的故事，但没有找到暗线。我就启发学生：为什么还写了夏瑜和夏四奶奶？在我的启发下，学生很快捕捉到暗线。

第二步，我板书出小说的一般情节，让学生概括总结。

$$\left\{ \begin{array}{l} 开端 —— \\ 发展 —— \\ 高潮 —— \\ 结局 —— \end{array} \right.$$

经过第一节课的阅读和第二节课前面的梳理，学生很快将情节整理了出来。在这个过程中，有学生提出一个问题：第四部分写坟场与题目"药"有什么关系呢？我肯定了学生的提问，但是没有直接回答他，而是让学生进行讨论，并找学生回答，这样不仅帮助学生厘清了课文内容，而且明确了小说的双线结构。

第三步，我要求学生找出小说中的所有人物。这一步并不难，但在寻找过程中，学生还是提出了一个非常有价值的、连我自己也从未仔细思考过的问题："茶客谈药"一段，康大叔说，"夏三爷真是个乖角儿，要是他不告官，连他满门抄斩。现在怎样？银子！——"学生问，康大叔和夏家是什么关系？夏瑜家到底有没有被满门抄斩？按照文中的意思——"连他满门抄斩"，夏瑜家应该被满门抄斩了，可是后面怎么还有夏四奶奶上坟呢？（关于这个问题，我另文讨论），学生这一问非同小可，叫我喜出望外。我大大地表扬了学生之后，告诉学生，这个问题我现在也回答不出来，我们要一起来研究、探讨！学生发现自己能提出这样有价值的问题，探究的兴趣被极大地激发了出来。

（三）第三课时

第三节课一开始，我就在黑板上写下了本节课要讨论的问题：

《药》的语言艺术

1. 如何写人物
A. 语言描写（花白胡子与驼背五少爷、夏瑜）
B. 动作描写（康大叔卖人血馒头，华老栓走路）
C. 肖像描写（康大叔的衣着、眼神，华大妈的神色）

2. 如何写环境
A. 自然环境（秋天后半夜，坟场死一般的静）
B. 社会环境（茶馆、兵勇衣服、坟场的小路）
（环境描写的作用：交代时代背景，渲染气氛，烘托人物心理，推动情节发展）

3. 如何进行暗示
A. 标题暗示（华老栓买的药、夏瑜找的药）
B. 环境暗示（秋天后半夜之黑、出太阳与华老栓的心情、坟头的花环、坟场死一般的静）
C. 线索暗示（明线暗示、暗线暗示）
D. 人名、人物暗示（华家、夏家、老少茶客）

4. 如何锤炼词语
A.（华大妈拿钱）
B.（刑场看客）
C.（康大叔抢钱）

（括号里的内容在学生找出并品味以后，教师再板书出来）

直接板书出来的原因是，这节课不是要讨论人物、环境等描写有哪些方法，而是要引导学生寻找出这些方法在《药》中是如何运用的以及运用以后达到了怎样的效果。在寻找、体会这些艺术手法的过程中，学生又把文本翻来覆去地看了很多遍，加深了对小说内容的理解。在具体操作的时候，我很少问问题，而是按照学号让学生起来讲，其他学生来补充。在学生找到每种艺术手法的例子以后，我立即启发学生思考它所达到的效果。这里简单举个例子，小说中描写"花白胡子"与"驼背五少爷"仅用了几句对话，却可以使读者看出前者善于溜须拍马、见风使舵的性格和后者愚昧呆滞、反应迟钝的特点，尤其是"驼背五少爷"的最后一句"疯了"，语带双关，妙趣横生。这样一点拨，学生对文本的理解就加深了一层。

这就是我在三节课里教《药》的主要思路和基本做法。

二、对提高阅读教学有效性的思考

近年来，大家都在提倡有效教学，也从理论上开展了很多探讨，但是如何将这种理论上的有效性转化为现实中的有效性，转化为现实的"生产力"，我觉得还需要深入研究。下面结合自己近来的实践，从操作层面来谈几点体会，以起到抛砖引玉的作用。

（一）弱水三千，只取一瓢饮

在进行阅读教学，尤其是中学语文中所谓重点篇目的阅读教学时，往往由于文本本身内容的丰富性，我们常常将教学目标定得过多、过繁。就拿《药》来说，我们就制定了"认识封建统治阶级镇压革命和愚弄人民的反动本质""理解小说以'药'为题的深刻含义以及对连接线索的作用""学习综合运用多种描写方法来塑造人物形象，从而深刻揭示小说主题的写作方法""掌握课文在结构上的特点"等诸多的大目标，更别提小目标了，尤其在与新课程标准的三维目标结合之后，分出来的目标就更多了。这些目标不能说不重要，但试想一下，这么多的目标，教师在教学过程中真的能一一兼顾吗？真的能在一课书中同时达到吗？其实，每一堂课都是一个相对独立的整体，每篇文章都有自己丰富的内容，我们不必也不可能在一堂课里完成这么多目标！很多好文章是需要一个人用一生去读、去体会的。就小说《药》而言，无论教师设置多少目标，无论讲得有多细，都不可能穷尽它的方方面面，最终还是有许多东西需要学生自己去发现。反过来想，如果每一节课甚至是几节课的教学能真正达成一项目标，学生在这十几年的时间里也该掌握了语文学习的主要技能了。而恰恰是我们对学生每节课都要达到很多目标这个要求，才导致语文教学目前这种只见耗时不见效果的状况！面面俱到反而面面都不到，因此，我们要勇于放弃，要有"弱水三千，只取一瓢饮"的气魄，把一些次要的东西，留给学生在课后或是更长远的今后去琢磨，去体会，每节课只定一个目标，每节课甚至几节课只做好一件事情。因此，我在教《药》时，每节课只设置一个问题，定一个目标，而且写在黑板上，这样师生都清清楚楚，明明白白。

（二）长文短教话短长

有人提出阅读教学要"长文短教"的观点，如果目的是提高教学的有效性，我很是赞同，但一些所谓"长文短教"的做法，却让我觉得名不副实。他们通常的做法是，提前一天甚至几天给学生布置一系列预习作业，要求学生在课前自学"长文"并完成相关题目。然后，在课堂上，教师就"精讲"，就"短教"，并且取得了很多"丰硕成果"。这是"长文短教"吗？这不仅不是"长文短教"，而且把长文拉得更长了！这只不过是把课堂的内容放到了课外而已。这节语文课看起来是短了，但对学生而言，负担加重了，哪里有什么有效性可言？偶尔一节课还可以勉强这样教，如果教师天天都这样追求"有效"，学生岂不是要累死？

其实，"长文短教"的关键不完全在于缩短课堂用时，而在于缩短教师纯粹的讲授时间，从而为学生留出更多的自学和思考时间。一节课的时间是固定的，教师讲的时间短了，学生自学的时间自然就长了。长文短教的有效性恰恰就体现在这里，如果不是这样，无论你怎样"短"教，有效性都无从谈起！反过来说，如果文本真的需要很长时间去熟悉，我们宁可花费更多的时间，但这个时间的"长"，并不妨碍教学的有效性。我教《药》时就充分考虑到了这一点，所以，在第一节课上我主要是让学生去读书，熟悉文本。如果学生在第一节课后还是"迷惘"的，我还会继续留时间给学生去读。在这种情况下，"书不读熟不开讲"恰恰是最有效的。

所以，"长文短教"的核心是教和学的有效性，是教师"教"的时间的相对"短"，而不是整个文本阅读时间的绝对"短"。

（三）一碗水与一桶水

"要给学生一碗水，教师自己要有一桶水"，这是我们经常说的一句话，但现实中不少教师却没有真正做到。主要表现为在阅读教学中教师对文本缺乏深入的研究，不能高屋建瓴地把握文本，因而也就不能对学生进行有效的指导。教师对文本挖掘得深浅程度将决定他在课堂教学中能否驾驭自如，也决定了他在教学中处理教材的思路是否清晰，方式是否合理，还决定了他能否充分挖掘文本，理解作者的创作心境，从而有效利用文本这一"例子"。如果教师自身对文本没有"吃"透，也不了解教材的编写意图，不明白教学目标，不清楚教学重点，甚至南辕北辙，便很难做到以文本为凭借，帮助学生提高语文素养。我们常常发现有些教师不是先研读文本，而是先从网上寻找相关教案、课件，一味地模仿、因袭他人的教学设计，撰写教案时也是照搬教学用书或"教案全集"，自己很少诵读文本，上课时自己对教材内容都不甚了解，以其昏昏，岂能使人昭昭？这样上课，教师一定要把学生"牵"到自己事先设定的"框框"里才能罢休，如果学生不能"就范"，课堂上就会出现突然"断电"的尴尬局面。就教《药》来说，如果在第一节课时教师一定要设置一个标准的答案，如"恐怖"，估计学生就很难回答出来，课程也就很难进行下去。而我事先在思想上没有圈定标准答案，只对文本有了较为全面的把握，这样反而帮助自己和学生顺利完成了对文本的解读。课后我找学生谈心，了解他们学习这一课的感受，他们普遍觉得学得比较轻松。有个学生的话对我触动很大，他说："我们怕学鲁迅的文章，更怕老师云里雾里的分析。"是啊，教师分析出来的东西并不是学生自己的，并不能在学生思想中建构出教师想要建构的知识系统，因而这些东西对于他们来说是生硬的。只有他们自己发现的东西才是亲切的，才能帮助他们完成自己知识体系的有效建构。这也恰恰暗合了文学解释学关于文本意义生成理论的基本主张——作品本体论和读者本体论，成为更深远意义上的有效教学。

（四）一问重千斤

阅读教学效率的高低，大部分可以从教师所提问题的性质和发问的方法等角度反映出来。提问很重要，但提问必须讲究艺术。屡屡见到教师不停地向学生提出各种各样的问题，使"满堂灌"变成了"满堂问"。问得过多、过滥，问题过难或过于简单，或过于空泛，都是不讲求效率的表现。

教师在提问时要有针对性、启发性，应区分主要问题和次要问题，尽量避免直来直去。提问的针对性是指，教师要根据教学目标，扣住重点，抓住难点，从学生的角度来设置问题，开门见山，直奔主题，干脆利落。在教《药》时，我的第一个问题针对的是小说的主题，第二个问题针对的是小说的情节，第三个问题则是要引导学生欣赏小说的艺术。如果提的问题太多，就会冲淡这种针对性，使整个教学失去重点。提问的启发性则表现在教师要根据学生的心理特点，采用不同的方法调动他们思考的积极性。教师应尽量设计一些学生感兴趣的问题，使他们思维活跃，思路开阔，在"发现"中获得求知之乐。如前面所讲，学生在寻找问题答案的过程中提出了"夏四奶奶家为什么没有被'满门抄斩'"的问题，这都是学生思维被充分调动起来的结果。尤其重要的是，每节课教师都要研究设计好"主问题"，要用少量具有牵引力的"主问题"来代替数量众多的"碎问"。在这里，"主问题"是经过概括、提炼的，是教师精心研读文本与精心思考教学的结晶，是一种整体性阅读的教学问题。"主问题"在教学中出现的顺序是经过认真考虑的，一课书中的几个主问题出现的先后顺序要经过科学有序的安排，而不是随意的。"主问题"对文本内容和教学过程有着内在的牵引力，每一个问题都构成一个教学活动的"板块"。"主问题"的提出减少了无效、无谓、无用的提问，从而节省出一定量的课堂教学时间，使教师能一气呵成地带动文本的理解品读，给学生留足时间进行深层次的课堂探究活动。也正是基于这样的考虑，在《药》的整个教学过程中我才只设计了三个"主问题"，并以此串起其他小问题，使整个教学活动显得眉目清楚，纲举目张。需要说明的是，解决第三个问题时，我是直接用框架图的形式将问题板书了出来，这样做主要是为了减少无效问题，从而将时间和精力放在艺术手法实例的寻找和艺术效果的欣赏上，提高了教学效率。至于将第三个大问题分解成四个"如何"，其实也是想避免"直问"，以调动学生的积极性。

总之，语文阅读教学无论怎样操作，无论安排多少环节，都要立足于教与学的有效性。只有这样，才能为学生创设"乐读、好读、善读"的阅读氛围，顺利达成培养学生阅读兴趣、使学生养成良好阅读习惯和提升学生阅读能力的目标。

新课程标准下培养学生数学应用意识的感悟

霍锐泉

数学是人类文化的重要组成部分，现代数学的应用无论在广度还是深度上都是以往所不能比拟的，数学的应用突破了传统的范围而向人类几乎所有的知识领域渗透。随着科学的进步和社会的发展，数学的应用越来越被重视，各门科学都向着"数学化"发展，这成为当今社会发展的一个趋势。在现代社会中，人们比以往任何时候都更需要运用数学知识去解决生活和工作中的问题。学生如果学习了数学知识却不会应用，那他将很难适应现代社会的发展。《义务教育数学课程标准（2011 版）》中提出了 10 个核心概念，应用意识就是其中之一。课程目标中指出，要使学生"初步学会从数学的角度发现问题和提出问题，综合运用数学知识解决简单的实际问题，增强应用意识，提高实践能力"。增强应用意识成为数学课程的重要目标，加强数学应用的教学成为当前数学教育的一个重要趋势。能够运用所学知识解决实际问题，使学生形成应用数学的意识和能力，这是把数学教育转向提高学生数学素养的一个重要措施。那么该如何在课程标准指导下培养学生的数学应用意识呢？下面谈谈笔者的感悟。

一、整合现行教材，创造性地使用教材

教材是教学内容的重要载体。为了重视培养学生应用数学的意识和能力，不同版本的教材都增加了现代数学中具有广泛应用性的内容，注重从生活实际和学生熟悉的知识背景中提出问题，结合生活中的具体实例来培养学生应用数学的意识和能力。叶圣陶先生曾经说过："教材无非是个例子。"对于学生而言，教材是从事数学学习活动的"出发点"，而不是"终结目标"；对于教师而言，教材是教学参考。所以教师在教学过程中要深钻教材，依据课程标准，在用实、用好教材的基础上科学地整合教材，创造性地使用教材，把教材中相近的内容进行重组、重构，使之更有利于学生的知识形成与应用。例如，在教授人教版"一次函数"一章中的函数图像时，我对教材中的素材前后顺序进行了调整，以"自动测温仪记录的图像"为主线，用正方形的边长与面积的函数关系来体现函数在生活中的应用。

二、重视知识的生成和应用

长期以来，在数学教学中，数学应用意识的缺失是一种普遍存在的现象，在课堂中教师只讲抽象的数学公式、结论，不讲数学知识的实际来源和应用。教师应培养学生的数学应用意识，要让学生知道数学知识"从哪里来"，又会"到哪里去"。数学概念来源于实践，是对实际问题高度抽象的结果，能更准确地反映科学本质，具有普遍意义。正是这种概括和抽象的结果，使数学学习和数学应用之间形成了一条难以逾越的鸿沟，导致学生虽学了很多知识却不知如何运用。这就要求教师在数学概念教学中能体现从实践中来、到实践中去的原则，使学生弄清数学概念的发生、发展过程，弄清概念在现实中的原型是什么，演变后的一般意义又是什么，这样才能追本求源，以不变应万变。例如，在平面直角坐标系概念的教学中，教师介绍笛卡儿发明坐标法，建立坐标系的故事，可以使学生了解笛卡儿发明坐标系的情境，激发学生的学习兴趣。对坐标系的初步、直观、感性的认识，为建立平面直角坐标系并理解坐标系的相关概念做了很好的铺垫。

三、数学问题的生活化及应用意识的培养

数学应用是认识数学，体验数学，形成正确数学观的过程，数学问题生活化是培养学生数学应用意识的良方。现实生活中充满着数学，教师要善于从学生的生活中抽象出数学问题，让学生感受到我们身边时时处处都有数学。生活是数学的源泉，数学离不开生活，但平时学生很少会把生活中的问题与数学知识联系起来，如果教师在讲解数学知识时可以经常举一些学生身边的实例用于辅助理解，从而让学生熟悉数学，接近数学、体验数学，那么学生会逐渐养成关注身边事物，并且从数学角度去思考问题、分析问题的习惯，也会在不知不觉中形成数学的应用意识，用数学的思维思考生活。例如，教师教完两点确定一条直线的知识后，让学生体会排队时怎样才能排成一条直线，以达到学以致用的目的。又如，学完利息的计算公式"利息＝本金×利率×期数"之后，教师就可以引导学生把自己节省的钱存入银行，到银行了解定期储蓄——半年期、1年期、2年期、3年期和5年期的利率，并且预算一定时间后得到的利息。这样既培养学生的节约意识和理财意识，又培养学生的数学应用意识。

四、在游戏中培养应用意识

绝大部分学生都喜欢游戏。在教学中如果教师能结合教学内容设计一些形式新颖、富有价值的数学游戏，就能使学生把数学知识与实际问题联系起来，在游戏过程中学会应用数学知识。当教师把数学知识融入游戏时，会收到特别好的学习效果。例如，在学习同类项后，教师可以设计找"好友"的游戏：让学生拿着标有不同类型式子的纸片，把他们混合在一起，大家互相观察后，按类型找"好友"，找对的给予鼓励，找错的即时纠正。又如，在学习游戏的公平性时，教师可以设计"抢30""抢50"的游戏，让学生亲历过程，亲身体验，自觉地观察，在游戏的过程中学会思考、分析，体会数学的应用价值。

五、开展数学建模教学，培养应用意识

数学模型的建立是学生体会和理解数学与外部世界联系的基本途径，是沟通数学理论与实际的中介和桥梁。教师引导学生对现实生活或具体情境进行分析、研究、探索，构筑实际问题的数学模型，然后用数学理论和方法寻出其结果，再返回到实际问题中解决现实问题。学生经历数学建模的全过程，领会数学建模的思想方法，通过数学建模，感受数学的实用价值，在求解、概括的深度思考中，不断总结提升，从而增强数学应用意识，提高应用数学知识解决实际问题的能力。因此，培养学生数学建模能力是培养数学思维和应用能力的重要手段，在教学过程中开展数学建模教学对学生是十分必要的。

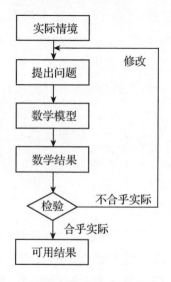

数学建模的基本步骤

在教学中教师可以把现实生活中与学生紧密相关的，又能吸引学生注意力的，且与数学学习有关的生活素材及时引入课堂，激发学生学习数学的兴趣，引导学生用数学模型来解答生活中的实际问题，从而帮助学生体会数学模型的实际应用价值，体验所学数学知识的价值。例如，在学习一次函数时，教师可以举出以下例子：

某商店 5 月 1 日举行促销优惠活动，当天到该商店购买商品有两种方案。方案一，用 168 元购买会员卡成为会员后，凭会员卡购买商店内任何商品，一律按商品价格的 8 折优惠；方案二，若不购买会员卡，则购买商店内任何商品，一律按商品价格的 9.5 折优惠。已知小敏 5 月 1

目前不是该商店的会员。

1. 若小敏不购买会员卡，所购买商品的价格为 120 元时，实际应支付多少元？

2. 请帮小敏算一算，所购买商品的价格在什么范围时，采用方案一更合算？

课程标准倡导"问题情境—建立模型—解释、应用、拓展"的教学过程，学生在建立数学模型并应用模型解决问题的学习过程中可以得到发展，提高发现问题、提出问题、分析问题和解决问题的能力，培养应用意识。

六、开展综合实践活动，培养应用意识

综合实践活动是以学生自主参与为主的活动，有别于课堂上教师的直接讲授，是学生积累数学活动经验、培养应用意识的重要和有效载体。在教学中，教师要结合教学的适当时机，为学生提供一些问题，使他们运用数学的思维方式去观察问题、分析问题、解决问题，体会数学与自然及人类社会的密切联系，增强数学应用意识。例如，在学习对称时，教师可以让学生设计美观的轴对称或中心对称图案，用于课室文化布置和班级活动，还可以让学生运用轴对称或中心对称的知识设计家居饰物等。教师要鼓励学生主动参与各种综合实践活动，引导学生应用网络查找资料，把课堂内的数学活动延伸到课堂外，让学生学会收集数据，查阅资料，运用数学知识解决更多的实际问题。这样既丰富了学生的课外知识，又可将数学知识转化为解决实际问题的工具，使学生感到具体的实际问题就在自己身边等待解决，增强了学生的主动意识，激发了学生的兴趣。在教学中，教师要充分挖掘生活中的数学素材，让学生自主探索、合作学习，在实践中体验学习数学的乐趣，更重要的是使学生感受到数学与生活的联系，这对于培养学生的应用意识和终身学习能力具有重要的意义。

传统的数学教育往往使大多数学生不知道如何将课堂上学到的数学知识应用到日常生活中。在教学中，教师应坚持多从学生熟悉的背景知识出发，选择与学生生活密切相关的情境和问题，让学生认识到现实生活中蕴含着大量的数学信息，数学在现实世界中有着广泛的应用。学生只有真正意识到数学存在于现实生活之中，并被广泛应用于现实生活，才能切实体会到数学的应用价值，真正调动学习数学的积极性，激发学习数学的兴趣，在面对实际问题时，主动尝试从数学的角度运用所学知识和方法寻求解决问题的策略，将所获得的数学知识、数学思想和数学方法用于解决生活中的实际问题。教师要培养学生用数学的眼光看问题，用数学的思维思考、分析问题的意识，引导学生把所学的数学知识应用到现实生活中，体会数学在现实生活中的应用价值，只有这样，才能把学生引领到精彩的数学世界中去。

新课程背景下的高中英语写作教学策略研究

曾宪斌

在英语四种语言技能中，写的技能难度最大。写是运用语言传递书面信息的手段，要做到语言文字精确（书法、拼法、语法要正确），文字通顺，结构严谨，格式正确，文体合适，学生就要具有较强的逻辑思维能力和表达能力。要写出动人的文章，学生一定要有较好的语言基本功和创造性思维。《普通高中英语课程标准（实验稿）》对高中学生的"写"提出了具体要求：毕业水平要达到能用文字及图表提供的信息进行简单描述；能写出常见体裁的应用文，如信函和一般通知等；能描述人物或事件，并进行简单的评论；能填写有关个人情况的表格，如申请表等；能把课文改编成为短剧。对优秀毕业生的"写"的要求更高、更具体：能用英文书写摘要、报告和公务信函等；能比较详细和生动地用英语描述情景、态度或感情；能阐述自己的观点，评论他人的观点，文体得当，用词准确；能在写作中恰当地处理引用的资料及他人的原话；能填写各种表格，写个人简历和申请书；能做简单的笔头翻译。

在教与学的关系上，传统教学过分强调教，以教为中心，冷落、淡化、忽视学，使学生丧失了学习的主观能动性，学生越学越不爱学，越学越不会学。在教与学的关系上，传统教学过分强调和利用竞争机制，从而造成了同学之间的隔阂、排斥，形成了利己损人的不和谐人际关系，甚至阻碍了学生人格的健全发展。在接受与探究的关系上，传统教学过分强调接受和掌握，冷落和贬低发现与探究，使学生对书本知识的学习变成了被动接受、记忆的过程，窒息了人的思维和智力，摧残了人的学习兴趣和热情。基于上述三个原因，新课程倡导自主、合作、探究的学习理念和方式。我相信，只有通过自主写作，才能凸显写作的主动性、独立性、自控性（规划性），弘扬人的主体性和自主精神；只有通过合作写作，才能凸显写作的交往性、互动性、分享性，培养学生的合作精神、团队意识和集体观念；只有通过探究写作，强调写作的问题性、过程性、开放性，才能培养学生的内在写作动机、批判思维和思考问题的习惯。

自主、合作、探究代表着新课程的学习理念和方式，体现了时代精神，有助于培养时代所需要的品质和素质。下面，我将结合自己的教学实践和经验以及新课程改革理论，围绕开发课本内容、指导写作教学及利用课外资源三个方面，针对如何将自主、合作、探究的学习理念和方式转化为新课程背景下高中英语写作教学的具体策略，特别是在日常教学过程中如何实施对写作教学的渗透与指导谈谈我的体会。

一、开发利用课本内容，拓宽学生写作思路

建构主义认为，学习是一个由学习者主动建构知识的过程，而不是被动接受知识的过程。因此，学习必须建立在已有知识的基础上。只有这样，学生才能对学习的内容产生兴趣，并能够激活以往或原有的知识经验，选择和转换信息，建立假设并通过认知思维活动做出判断。

从建构主义的理论出发，我认为教学应当充分开发利用课本内容，拓宽学生的写作思路。高中英语教科书非常重视写作训练，主要让学生按句子、段落和篇章三个层次进行练习。每个单元都有许多写作练习和活动，大致可分成三种：第一种是基础性练习，主要分布在学生用书的 Learning about language 和练习册的词汇、语法练习部分，学生自由选择的余地很少。第二种是有指导的程序写作，主要分布在学生用书的

Using language 和练习册的 Writing task 部分，这里的写常与听、读和说紧密联系，给予学生比较详尽的指导，甚至指明了写作的步骤和方法。尤其是 Speaking 部分和课后的 Talking 部分，都可以为学生练习书面表达提供丰富的材料，这样就扩充了学生的写作内容，使学生有更多的机会去选择他们感兴趣的内容并进行写作练习。第三种是功能性写作或自由写作，主要分布在学生用书的 Writing task 和 Project 部分。这些练习和活动的安排由易到难，由简到繁，一步一步地帮助学生提高写作技能。

在课本设计上，我认为写作训练应当贯穿于课文学习的各个环节。首先，在理解熟悉课文内容阶段，教师应带领学生进行听、说、读、写四种技能的训练，具体方法有：①根据课文回答问题，要求学生严格按照完整的句式来书写答案；②让学生熟读或背诵课文中的重点段落或由课文改写的短文；③让学生根据已给出的关键词句或主要线索，开展课文口头复述活动。其次，在课文重点词汇学习阶段，教师带领学生进行造句训练，具体方法有：①模仿书上句型造句；②模仿范文造句；③选词造句，连句成文。最后，在复习巩固课文阶段，教师带领学生进行缩写、扩写、改写、仿写等训练。例如，《普通高中英语课程标准（实验稿）》中就对学生的"写"提出了"能把课文改编成为短剧"的要求。这样做既有利于学生掌握课文中所学的词汇、短语、句型及课文，又有利于学生系统化理解所学材料，还有利于提高学生创造性地运用语言的能力及书面表达能力，一举多得。在这里，我主要想就仿写谈一下我的看法。英国著名作家斯蒂文森谈学习写作的经验时说过，学习写作除多练以外，还要多模仿。现行中学英语教材中的课文很多是从英文原著改编而来的，有童话、寓言、短剧、故事、小说节选、书信、日记等，也有名人逸事、史地知识与科普文章，还有应用文、记叙文、议论文等，题材广泛，体裁多样，它们都可作为练习写作的范例。教师在讲到或复习到不同类型的课文时，可以要求学生写一篇类似的短文，并对短文内容提出具体要求。有范文作为模板，学生有章可循，可以在书面表达上取得立竿见影的效果。

二、从遣词造句入手，循序渐进

听、说、读、写、译都离不开句子，而文章是由一个个句子组成的，因此要提高学生的书面表达能力，在高级中学英语教学的初级阶段，尤其是在高一全年或高二年级前半段，教师应当花大力气提高学生的遣词造句能力，从扎扎实实抓学生的写作基本功做起。要达到这个目的，除了让学生掌握基本的句法、词法以外，更重要的是要为学生创造更多的练习机会，使学生在练中熟悉词汇的用法，掌握句型。

（一）背诵课文中的重要句型

学生可通过机械模仿，逐渐学会灵活运用，最后做到举一反三。以新教材高一第一册必修 4 Unit 2 为例。在教授了阅读课文中的句子"Using his hybrid rice farmers are producing harvest twice as large as before."之后，教师可以让学生模仿该句型用"as…as…"造以下句子：

A. 来的人数是我们预料的三倍。

B. 卧室是厨房的两倍大。

C. 你没有你自己想象的一半聪明。

（二）要能改变句中的画线部分，造出新句

比如，在学了新教材高一第一册必修 4 Unit 2 阅读课文中的句子"This special strain of rice make it possible to produce one-third more of the crop in the same fields."之后，学生先要弄清这个句子的基本结构，然后改变句中的画线部分，并造出以下类似的句子来。

A. The fine weather makes it possible for us to go for an outing next week.

B. Wherever he is, he makes it a rule to run for an hour every day.

C. The teacher made it clear for the students to finish the homework exercises before Thursday.

（三）做句型转换练习，学会一句多种表达法

教师可以让学生尝试替换原有句子的句型。通过坚持做句型转换练

习，学生一定能拓宽思路，做到高瞻远瞩，达到"条条大路通罗马"的目的。

在教授了"As soon as Mr. Smith arrived at the railway station，he telephoned me."这一句型之后，教师可以让学生进行句型转换练习。

A. On arriving at the railway station，Mr. Smith telephoned me.

B. The moment（when）Mr. Smith arrived at the railway station，he telephoned me.

C. No sooner did Mr. Smith arrive at the railway station than he telephoned me.

三、从重视听说做起，培养语言表达能力

英语的听、说、读、写四种技能是相互依赖、相辅相成的，说的能力依赖于听的能力，又有助于写作能力的培养。听是理解和吸收信息的重要手段之一。听和读属于输入（input），只有达到足够量的输入，才能保证学生具有较好的说和写的输出（output）。大量的教学实践证明：只有足够量的输入才会有高质量的输出。

因此，在日常教学中，首先，教师要注重通过听力教学来培养学生的语言表达能力，在让学生听懂听力材料的基础上，让他们根据听力材料进行讨论，或对所听内容进行复述，或把听到的内容改写成短文，也可以让学生把所听到的较为复杂的语句用比较简单的句式写出来，或将听到的短文的中心大意写出来。有时教师甚至可以根据听力材料的难易程度适当地安排复听（精听），因为在初听时，很多学生由于对新学词汇掌握得不牢，或由于听力材料较难或语速较快而无法在初听阶段完全理解文章内容。鉴于此，教师要安排学生复听文章的细节，重点把握文章所提供的主要线索及事实，并根据文章的体裁、意义回答 who、whom、what、which、how、where 等问题，力求使学生在泛听的基础上，深化对材料的理解。

其次，因为写作是口头表达的文字记录，所以具备较强的口头表达能力，必然有利于写作能力的形成。因此，当学生对文章两次感知（即复听)之后，教师可先让学生独立完成训练题，然后再分组讨论答案。通过讨论，他们相互补充，相互帮助，达成共识。如果遇到争论不一的问题，教师可让学生再听有关材料的相关内容，直到听懂为止。在这一过程中，教师应注意听说结合：为了说得出，必须听懂，只有听懂了，才能接着说，以说促听，以听带说。同时，在进行听说课堂教学活动时，教师除了让学生听录音，进行对话和表演之外，还可以让学生把对话改写成短文或复述对话的内容。学生在写短文的过程中要注意时态、语态、人称和前后的逻辑关系，并且尽量利用对话中出现的新词汇和新句型。这样既可以培养学生掌握信息和分析信息的能力，又可以使学生形成英语思维习惯，还可以让学生不断积累语言材料，掌握多样化的英语表达方法。以新教材高中英语必修 3 Module 3 Unit 1 Festivals around the world 为例，本单元的讲授恰逢学生春节放假归来，学生们还没有完全从节日的气氛中走出来，对节日的点点滴滴仍记忆犹新。教材中"Warming up"部分要求学生讨论中西方众多节日中自己所熟悉节日的习俗特点。教师可以让学生重点讨论春节的庆祝活动，在学生讨论的过程中还可以在黑板上适当地板书学生们可能会用到的词汇和句型。下课前，教师可以安排学生以"Spring Festival in China"为题写一篇短文，来介绍我们国家的传统节日——春节，并在下一堂阅读课"Festivals and celebration"之前，让作文完成比较出色的学生在班里朗读自己的作品。这样，既巩固了对话内容，活跃了课堂气氛，又为讲授起了铺垫的作用。

四、自主探究，合作交流，将小组互评与教师评价相结合

在平时的写作训练以及写作课中，教师应鼓励学生在写前独立思考，充分审题。审题是书面表达中一个非常重要的环节。在这个环节中，学生应当确定所写文章的体裁以及使用的人称、时态、段落，做到心中有数。如果教师在创设情境、提出问题或给出写作题目及要求以后，就立即让学生分组进行讨论交流，那么课堂上会出现表面上的热闹现象，而学生根本没有独立思考和冷静分析的时间与空间，这样做不利

于学生个人能力的发展。如果说有价值的问题或主题是小组合作学习适宜的"土壤"，教师的有效指导是适宜的"温度"，那么，独立思考则是不可缺少的"水分"。因此，教师要给学生充分的思考时间。除了正式考试或限时作文之外，每逢学生动笔写作之前，教师都要留给学生充足的时间进行圈点勾画，读读想想，然后组织学生以小组合作的形式审题，让他们在组内交流各自的看法，展示有个性的思维方法，并在交流中反思，使自己的见解更加丰富和全面，形成"统一"意见与正确认识。教师既要重视学生"自主学习，自主发展"的进程，也要充分发挥小组合作学习的优势，使学生既能够客观理智地审好题目和确定写作方向，也能够充分认清自己的写作内容和想法，有条不紊地完成写作任务。

学生完成写作任务之后，应尽快反馈，从而明白自己在审题和语言运用方面的具体问题，进一步完善自己的作品，提高自己的写作能力。

学生习作批改的时间和批改的质量是一对矛盾。如果长期依靠教师一人去完成作文的批改，就很难达到高质量地完成对每一份作文的详细审阅和打分。如果所有作文都是教师一手批改的，学生在拿到文章后就失去了重新思考和认识的余地。有的学生即使对教师的批改存有疑问也置之不理，因此教师也就无从得知。在这种吃力不讨好的两难境地下，我先尝试了部分批改，集中评讲高频错句、错词及行文规范，但是后来我发现在评讲和集体纠错后，学生的习作中仍会出现类似错误，更别提其他错误了。基于上述原因，在一次跟个别学生的谈心过程中，我想到了成立固定的写作学习小组，让学生开展互评互改活动的办法。为了保证每一个学习小组的成员在学习水平、心理特征、能力和特长方面基本平衡，我按学生自升上高中以来在几次重大考试中的英语单科成绩的总名次，结合我对全班学生个性的了解，将每个班 48 名学生划分为 12 个小组，每个小组都包括 A、B、C、D 四个层次的学生，并允许他们给自己的学习小组取上可爱、有趣或有意义的组名。小组成员分工合作，职责分明，分别担任组长、记录员、电教员、汇报员。每个小组中总成绩排名第一的学生为组长。每次作文书写完成后，组员在组长的带领之下在课外自由选择时间（除非教师因为课堂需要刻意安排在课内）开展讨论。在讨论的过程中，各组员将发现的错误分别在自己的作文本上进行修改，由记录员将主要不足及例句统一记录在作文分析卷上，再由汇报员将分析卷上所提及的问题及时找教师沟通，以消除疑问，从而决定小组的发言内容，最后由电教员将发言内容制作成一到两张幻灯片，以便汇报员在作文正式汇报课时使用。

在学习小组开展讨论，进行互评互改的过程中，我要求小组成员从写作内容的真实性、词汇与短语的运用、语义表达的准确性以及语法的正确性等方面进行讨论和交流。我还鼓励他们认真阅读自己同伴的作品，并在自己喜欢的或认为是正确的句子前面打钩。在确定作文汇报课件的内容时，我不但要求学生客观准确地反映大家习作中存在的句法、语法及审题问题等，而且提倡学生将自己在同伴的作品中发现的好的句子输入课件中，并在正式汇报时大声地读出来，供全班同学赏析，让大家一起来讨论这个句子究竟好在哪里，采用了哪些句型、短语或词汇，有没有使用到较高级的语法结构等。在汇报过程中，各组成员之间可以互相补充知识，这样，既可以达到自主学习的效果，又可以补充书里没有的知识。可以说，小组讨论在学生的自主学习能力培养中起到了不可忽视的作用。

从学生作文互评互改活动中我认识到，自我评价是培养学生自主学习能力和终身学习能力必不可少的因素，而他人评价更可以促进学生思维能力和学习能力的提高。社会认知观认为，学生看到同伴的成功，会提高自我效能感。在教学实践中我发现，学生在积极、主动的情感支配下进行的自改和互改活动可以唤醒学生强烈的求知欲，从而渐渐提高他们的写作兴趣。

在学生评价的基础之上，教师评价也相当重要。具体来说，教师评价应该有总结，一方面指出学生的成功之处，另一方面指出学生的不足之处，使学生明白需努力的方向。对于基础较差的学生，教师需要面批面改，做到边启发，边批改，边解释。这样学生更能集中注意力，教师也更能把问题讲清、说透，从而取得更好的效果，提高教学质量。教师要及时公布范文，供学生参考、模仿，并将一些写得较好、错误较少的习作张贴出来，进行讲评，给予作者鼓励。教师评价有利于培养学生对学习负责的态度，并能促使学生学会思考，随时看到自己取得的成绩和存在的不足，帮助学生反思自主学习过程，调整学习目标和学习策略。例如，在以学生为主体的作文汇报课上，教师可以把优秀作文在全班学生面前进行展示，从构思、谋篇布局到语言运用诸方面充分肯定作文的优点，使学生多接触正面的东西，并要求其他学生对照自己的作文，对自己的作文进行反思性评价。另外，教师在日常写作教学中应经常帮助学生总结经典句型以及文章的写作框架，供学生在写作中借鉴。

五、积极开辟第二课堂，鼓励学生广泛阅读

积极开辟第二课堂，鼓励学生广泛阅读是提高学生写作水平的前提。现行的普通高中课程标准实验教科书必修模块的大部分单元都介绍了不同国家和不同民族的文化，话题十分广泛，如科技、航天、地理、名人、医学、环保、自然、新闻及文化遗产保护等，教材内容既贴近现实生活，又富有较强的时代气息，视野开阔，信息量大，对学生的文化底蕴要求很高，而学生在这方面的素质只能通过广泛的阅读来实现。美国外语教学理论家史蒂芬·克拉申（Stephen Krashen）在其 1993 年出版的教学理论力作《阅读能力——从研究中获得的洞察力》（*Power of Reading：Insight from the Research*）中指出，外语书读得多的人，其读写能力比读书量少的人强，并认为第二语言的阅读量和语言的习得之间有肯定的关系。也有研究表明：阅读是语言输入的主要途径，而写作是一种语言输出形式，只有语言输入大于语言输出，语言输出才能成为可能。

因此，一方面，教师要合理地利用和开发课程资源，根据本地区的条件，创造性地利用多种资源，如广播影视节目，录音、录像资料，网络资源，报纸杂志等，以保证课程目标的实现，提高课程实施的效果；另一方面，学生在课外应广泛地涉猎，不断扩大接触英语国家文化的范围，提高对中外文化差异的敏感性和鉴别能力。学生还可以通过学唱英语歌曲，收听英语新闻，自主地接触一些鲜活的、地道的英语表达法，从而提高自己的阅读能力和阅读速度，增强学习英语的兴趣。教师在鼓励学生进行大量阅读的同时，还可以要求学生背诵课文中的一些名言警句和精彩的段落，以便在写作时模仿或引用。大量阅读有助于提高学生的阅读速度，扩大词汇量，加强语感，对学生掌握英语写作技巧起着潜移默化的作用。

　　从我的教学实践来讲，首先，我鼓励学生最大限度地利用手头现有的报纸、书籍。例如，阅读已经订购的报纸 Student Times，这份报纸在每一期的 A1 版上的"World news"（天下事）及"What's cool"（酷特区）板块介绍了世界各国的政治、经济、文化、历史、科技、天文及地理等方面的知识和信息。而 A4 版上的"Show time"（作品秀）板块呈现了短小、精辟、优美的文章，为学生提供了借鉴美文、学习典型句式的机会。"Beautiful mind"（心灵驿站）中的每一个动人的故事都可以震撼学生的心灵，陶冶他们的情操。"Laugh of the day"（百事可乐）中的笑话不但可以让学生在紧张的学习之余一笑而过，放松身心，还可以让学生感知来自西方的幽默，从而了解西方的文化。其次，我们的学校虽然早已跨入广东省一级学校之列，但这里地处农村，家庭教育水平不高，文化比较落后，信息相对闭塞，虽然很多学生家里有电脑，但很少有人将其用于辅助英语学习。联想到自己大学阶段的英语报刊阅读课，我产生了创立学科班级图书馆的想法，并立即在教学过程中实施。图书馆订购了《英语沙龙》、"英文小小说床头灯系列"等，以及与高考相关的各种语法、阅读理解等复习丛书，还有跟教学同步的一些训练丛书。其中大部分杂志和书籍都由我自己出资购买，一小部分杂志由学生自发捐献。在教学压力相对不太大的情况下，尤其是在学期的中前段，每周我都尽量挤出一节课的时间开设专门的阅读课，以激发学生的阅读兴趣和阅读热情。此外，学生在课外可以随时借阅需要或感兴趣的杂志或书籍，为了规范和简化借阅的程序，我在每本杂志或书籍上都贴上了标签，仿照图书馆的管理模式，在电脑上统一为学生办理借出及归还手续。我经常鼓励学生在阅读了某篇文章后与同学进行交流，试着写学习心得，做读书笔记，在阅读过程中要通过上下文推测生词的含义，有意识地去识记一些感兴趣的单词、词组、句子，从而达到扩大词汇量、提高阅读速度的目的。

冰冻三尺非一日之寒，英语学习是一个漫长的过程。以阅读促进写作的训练方法并不能立竿见影，其效果只能慢慢体现出来。然而，只有通过平时大量的阅读积累，学生才能在写作中有质的飞跃。因此，对于英语学习者来说，只有坚持不懈地阅读各种文章，做到多读多写，读写结合，学以致用，才能水到渠成，真正提高自己的写作能力。

高中物理教学的价值取向

罗丽兰

"老师，物理这么难学，学了有什么用？"面对学生经常会提出来的这个问题，我们是否深入思考过，怎样的回答才是最有说服力的？为了让学生认为学物理有价值而自觉自愿学好物理，我对此问题进行了较长时间的思考。

在高考升学率不高的时期，我的回答是："物理是一门科学，学了它可以提高你的知识水平和文化素养。"这是一种知识本位的教学价值取向。

在考大学越来越成为每一个学生的追求时，我的回答是："学好物理，可以大大提高你的高考竞争力，使你成为高考考生中的佼佼者。"这折射出应试教育的教学价值取向。

以上两种教学价值取向，让我受到了来自学生的质疑。

毕业后回校聚会或探望的学生，在诚意感激教师的教育之恩之余，便无拘无束地聊开了："老师，当年我物理学得很棒，也考了一所好大学，但现在我把当年学的都还给老师您了"。那些没考上大学就走上工作岗位的学生说："那些书本上的物理知识在课堂上学起来那么费劲，但在工作中其实不用懂是什么物理原理，只要会动手就行了。就比如说开车吧，对于在多大的车速下应保持多大车距才不会发生追尾这个问题，我们根本不可能边开车边用学的物理知识去计算，而是靠个人体验和平时开车时积累的经验。"有的学生说："当年老师布置的作业题少做一个都不行，但在工作和生活中，我们根本用不到那些做过的题。"还有的学生说："我大学学的是应用物理专业，现在在证券公司工作，与专业一点关系也没有。"正当我的心发凉的时候，这个同学又说话了："但我觉得物理学得好的人，是充满智慧的。"对！"智慧"这个词终于说到了我的心坎上。

对于开头提出来的那个问题，我现在的回答是："物理是很值得我们去学的，因为它是一门科学，是一种文化，是一种智慧！学好了物理，就懂得了一门科学，拥有了一种文化，获得了一种智慧，也就提高了人的素质。"这就是素质教育的教学价值取向。

下面我从素质教育的价值取向来回答学习物理的重要性。

一、物理是一门科学

从物理必修 2 第五章中可知，物理是科学发展和人类文明进步的阶梯。在科技飞速发展的今天，我们更需要大量物理学得好的高科技人才。科技人才必须掌握丰富的物理知识并能够加以运用。物理是值得学习的非常重要的科学知识。

二、物理是一种文化

物理文化在我们的生活和工作中无处不在。下面我们一起来看看必修模块中的物理文化：

现在流行的网络用语"给力"就是我们的物理文化。力的作用有两个，一个是使物体发生形变，一个是使物体的运动状态发生改变，于是便衍生出了"给力"文化："给力"某某，就是"支持、促进、推动、改变"某某；激励某某要"给力"，就是指某某要"使劲、加油"；称赞某某真"给力"，就是指某某真"带劲、给面子"；等等。

两个高一年级的学生，过完寒假后回校一见面，其中一个学生惊呼："你过一个春节怎么长高了这么多？"另一个学生笑着说："我生长的加速度大啊！"

一个上课快要迟到的胖男生在冲进教室时一下撞到正站在门口的老师身上，男生充满歉意而又自嘲地说："老师，对不起，我惯性太大，停不住脚，撞痛您了。"

几个学生在三楼教室靠里一侧的窗台旁说笑，其中一个学生说："谁敢从窗台上跳下去？"其余学生说："你疯了吗？在高处重力势能大，落地的动能也大，摔不死也重伤。"那个学生说："我从窗台跳教室里，会有这么严重吗？"其余学生自知中计："你拿重力势能的相对性玩我们呀！"

还有这样一段赞美词："你的周围，有一个强大的磁场，将你周围的人磁化和吸引，你就是磁场的辐射体。"如果没有学过物理，怎能写出这么美妙的语言。

三、物理是一种智慧

有的学生认为，上学时学到的物理知识将来又不能完全用到工作和生活中，因此少上一节课、少做几个题无所谓。我跟学生说："学习物理的过程，就是修炼智慧的过程，上课、做题等环节减少了，练就的智慧也就减少了。就像高深的武功是人们从长年累月地脚绑沙袋、手提水桶走路的过程中练成的一样。"

学生在学习必修模块物理知识的过程中，可修炼以下智慧：

第一，懂迂回。平抛运动是匀变速曲线运动，不能直接用匀变速直线运动的公式求解，于是迂回到平抛运动的两个分运动（它们是直线运动）上来；求功公式 $W = FS\cos \alpha$ 不适用于求变力做功，于是就迂回到用动能定理求解上来。一旦练成这种迂回的思维方法，学生如果在将来的生活和工作中遇到不能直接解决的问题时，就会懂得要采用迂回的策略，从而在解决矛盾方面体现出智慧。

第二，会取舍。求压力时，取的研究对象是受支持力（压力的反作用力）的物体；取零势面时往往是取研究过程的最低点而不一定是地面；用动能定理解题时往往取多个过程的全过程列式比较简单。一旦练成了取舍意识，学生将来就能在提高办事效率上体现出智慧。

第三，知判断。物体恰能通过圆周运动的最高点的速度是零还是 $\sqrt{gR}$，要先判断物体是由细绳拴着，还是由轻杆固定着，还是沿环形轨道滑动；在应用万有引力定律时，是列式 $F_万=mg$ 还是 $F_万=F_向$，要先判断是涉及星球表面的重力加速度问题还是物体（如卫星）绕星球做圆周运动的问题；能否用机械能守恒定律解题，要先判断是否只有重力、弹力做功。练就了善于判断的习惯，学生就会在处理问题时少犯错误，并得到别人的钦佩。

第四，善归纳。必修模块涉及力学中的两条主线，一条是运动学公式和牛顿第二定律，另一条是动能定理和机械能守恒定律。不涉及运动过程中的加速度、时间问题时，我们就可用后一条知识求解，否则就用前一条知识求解。练成了善于归纳的习惯，学生便能少走弯路，不断攀升，不断成功。

学生学了上述列举的物理知识之后可能还会忘记，但教师要让学生意识到，现在学的书本上的物理知识看似无用，实则有用，它带给人的智慧将受用终身。就在前不久，学生在送给我的教师节贺卡上写道："亲爱的老师，您带领我们所经历的每个问题、每个发现，其中的体验都令我们着迷，让我们看到了智慧在知识海洋中的闪烁，谢谢您，老师。"学生的话语，正好道出了我所追求的物理教学的价值所在，让我更明确了物理教学的价值取向。

著名物理学家劳厄在谈教育时说："重要的不是获得知识，而是发展思维能力，教育无非是将一切已学过的东西都遗忘时，所剩下来的东西。"他一语道破了教育的真谛，即教育的终极追求并不是知识本身，而是在学习知识的过程中所积淀下来的东西，即人的素质，而素质的核心又集中反映在人的思维方式和价值取向上。因此，物理教学的最终价值取向也是提高全体学生的素质，尤其是科学素养，为他们今后在面对大量的非物理问题时能够做出正确决策以及过上幸福、健康、高质量的生活打下基础。